CantoMineral

Carlos Drummond de Andrade

CantoMineral

Ilustrado por Carlos Bracher

Organização
Joziane Perdigão Vieira
& Pedro Augusto Graña Drummond

© Bazar do Tempo, 2018
Carlos Drummond de Andrade © Graña Drummond
www.carlosdrummond.com.br
© Carlos Bracher, para ilustrações.
© Joziane Perdigão Vieira, para organização.

Todos os direitos reservados e protegidos pela Lei n. 9.610, de 12.2.1998.
É proibida a reprodução total ou parcial sem a expressa anuência da editora.

Este livro foi revisado segundo o Acordo Ortográfico da Língua Portuguesa de 1990, em vigor no Brasil desde 2009.

DIREÇÃO EDITORIAL
Ana Cecilia Impellizieri Martins

EDIÇÃO
Maria de Andrade

IDEALIZAÇÃO E ORGANIZAÇÃO
Pedro Augusto Graña Drummond

PESQUISA E ORGANIZAÇÃO
Joziane Perdigão Vieira

POSFÁCIO
Angelo Oswaldo de Araújo Santos

PROJETO GRÁFICO
Victor Burton

DIAGRAMAÇÃO
Adriana Moreno

TRATAMENTO DE IMAGENS
Anderson Junqueira

PRODUÇÃO DE IMAGENS
Blima Bracher

PRODUÇÃO CULTURAL E ELABORAÇÃO PARA LEI ESTADUAL DE INCENTIVO À CULTURA E APOIO ADMINISTRATIVO
Simone Senra

REPRODUÇÃO DE ORIGINAIS
Cristiano Quintino

COPIDESQUE
Daniel Guimarães

REVISÃO
Leandro Salgueirinho

IMPRESSÃO
Stamppa

Agradecimentos: Thiago Camargo, Fani Bracher, Luis Mauricio Graña Drummond, Lucia Riff e Companhia das Letras.

Este livro é dedicado a Carlos Manuel Graña Drummond, *in memoriam*.

Dados Internacionais de Catalogação na Publicação (CIP) (eDOC BRASIL, Belo Horizonte/MG)

A553c
Andrade, Carlos Drummond de, 1902-1987.

Canto mineral / Carlos Drummond de Andrade; ilustrações Carlos Bracher; organizadores Pedro Augusto Graña Drummond, Joziane Perdigão Vieira. – Rio de Janeiro (RJ): Bazar do Tempo, 2018.
148 p. : il. ; 20 x 25 cm

Inclui bibliografia
ISBN 978-85-69924-37-1

1. Literatura brasileira – Poesia. I. Bracher, Carlos. II. Drummond, Pedro Augusto Graña. III. Vieira, Joziane Perdigão. IV. Título.
CDD B869.1

Elaborado por Maurício Amormino Júnior – CRB6/2422

 BAZAR DO TEMPO
PRODUÇÕES E EMPREENDIMENTOS CULTURAIS LTDA.
Rua José Roberto Macedo Soares,
12 / s. 301 – Gávea
22470-100 – Rio de Janeiro – RJ
contato@bazardotempo.com.br
www.bazardotempo.com.br

Um mineiro se confessa
neste livro por inteiro.
Jeitão mineiro não cessa
nem no Rio de Janeiro.

Carlos Drummond de Andrade in *Viola de bolso*

Sumário

Apresentação 10
Joziane Perdigão Vieira
Pedro Augusto Graña Drummond

Tempo, espaço, esfera 12
Carlos Bracher

Poemas
Confidência do itabirano 16
Infância 18
O eco 22
Cidadezinha qualquer 26
Paredão 27
Casa 28
Procissão do encontro 30
Relógio do Rosário 32
Sino 34
Ausência 36
Pedra natal 38
Biblioteca verde 39
Fim da casa paterna 40
Ruas 42
Jardim da Praça da Liberdade 44
Adeus ao colégio 46
A casa sem raiz 48
Dormir na Floresta 50
Hino ao bonde 52
Dois fantasmas 54
Vigília 56
Canção da moça-fantasma de Belo Horizonte 58
Carnaval e moças 60
Jornal falado no salão Vivacqua 62
A consciência suja 64
Doidinhos 68
O fim das coisas 69

Triste Horizonte *70*
O voo sobre as igrejas *72*
Ataíde *76*
Fala de Chico-Rei *78*
Estampas de Vila Rica *80*
Tiradentes *82*
Romaria *84*
Boitempo *85*
Morte das casas de Ouro Preto *86*
Ouro Preto, livre do tempo *90*
Lanterna mágica *92*
As namoradas mineiras *100*
O francês *101*
O pico de Itabirito *102*
A casa de Helena *104*
Patrimônio *106*
Colóquio das estátuas *108*
A montanha pulverizada *110*
O maior trem do mundo *112*
A palavra Minas *113*
Canto mineral *114*
Prece de mineiro no Rio *118*
Viagem na família *119*
A máquina do mundo *122*
Canção de Itabira *126*
Noturno mineiro *128*
América *130*

Canto mineral a duas vozes *136*
Angelo Oswaldo de Araújo Santos

Referências bibliográficas dos poemas *143*

Sobre os autores 144

Sobre os organizadores 145

Apresentação

Joziane Perdigão Vieira
Pedro Augusto Graña Drummond

As montanhas escondem o que é Minas.
No alto mais celeste, subterrânea,
é galeria vertical varando o ferro
para chegar ninguém sabe onde.

CARLOS DRUMMOND DE ANDRADE in *As impurezas do branco*

A gênese deste *Canto mineral* está na amizade e admiração recíprocas entre dois mineiros internacionalmente reconhecidos: o poeta itabirano Carlos Drummond de Andrade e o artista juiz-forano Carlos Bracher.

Este livro, em cujas páginas também "galopam sombras e memórias", foi concebido para enaltecer sentimentos e valores que fazem de Minas Gerais um estado único.

Em confluência que atravessa tempo e fronteiras, palavras e traços ilustram-se reciprocamente: desenhos desvendam novas leituras na poesia, versos acrescentam novos matizes às ilustrações, e juntos evocam o "cristalino / abafado / espírito de Minas".

Dois Carlos em um estado, um estado em dois Carlos. A "fixação sentimental com sua terra de origem", que tanto permeia seus trabalhos, é a matéria-prima aqui ressaltada.

Mais que uma síntese da reverência que Drummond e Bracher fazem a Minas Gerais em suas obras, estas páginas são um convite para sentir o "irrevelável segredo chamado Minas".

Tempo, espaço, esfera
Carlos Bracher

Revérbero mestre das palavras imersas, jamais alguém das formas o atingirá. Não dá. São coisas tão distintas, imiscíveis. É, e será, aresta para sempre inglória. Drummond é Drummond. Ponto. Algo que se coadune e se tente aproximar, não dá. São universos em latitudes opostas, uma quase crível colisão imposta.

E eis-me diante das dramáticas sombras de seus abismos nessa hipótese intangível de se dizer, conclamar e expurgar o que seja Drummond, tempo, espaço, esfera de todos nós – e de nós mineiros sobretudo –, desses vértices e vórtices convexos de ser, existir e recompor os verbos de nossos enigmas latentes. Passado inflexo de litanias e crepusculares ventanias do povo aqui instado, triangular na espécie e revoltoso em volúpia e fala, a sempre alumbrar e propagar sentimentos vastos do mundo, Minas, pelos ares trazida, entre pássaros e "alados pensamentos", tal ele, ventre e matriz etérea a semear searas estelares, aquele lá de Itabira do Mato Dentro, Drummond, Carlos: Carlos Drummond de Andrade.

Debruçando-me há meses com ele, em meus sonhos e desvarios, tentando vê-lo, senti-lo na alma de seu insigne estro, só agora me recomponho, ao terminar hoje, 7 de maio de 2018, essa longa ode de ilustrações. Enquanto experiência onírica, foi dos mais fecundos momentos de minha vida, revertido não em palavras, mas num algo que a elas transcende, um cálido preenchimento em meu coração.

Não, não foi fácil, mormente a mim, mero infante do desenho, já que é nas cores que os sóis se brilham alucinados. Contudo, o desafio das formas era um vácuo interrogativo em minha construção, e folgo em saber-me doravante adentrado esses vastíssimos cosmos entrelaçados, só possível, porém com os cantares do carvão, meu velho aliado da pintura. E agradeço ao Pedro, Joziane e Maria a oportunidade desse desafio.

Era angustiosa a voz que ao longe me acenava, persistente, e que ora em Drummond se enseja, nas estreitezas milimétricas, infindas de seu respiro, nas questões congênitas insólitas, alucinógenas das alegrias, dramas e dores. As dele e as de todos nós. Porque o somos, cada um, e apenas, humanos, o encontro vertiginoso de matéria, frasco e poros.

Poemas

Confidência do itabirano

Alguns anos vivi em Itabira.
Principalmente nasci em Itabira.
Por isso sou triste, orgulhoso: de ferro.
Noventa por cento de ferro nas calçadas.
Oitenta por cento de ferro nas almas.
E esse alheamento do que na vida é porosidade e comunicação.

A vontade de amar, que me paralisa o trabalho,
vem de Itabira, de suas noites brancas, sem mulheres e sem horizontes.
E o hábito de sofrer, que tanto me diverte,
é doce herança itabirana.

De Itabira trouxe prendas diversas que ora te ofereço:
esta pedra de ferro, futuro aço do Brasil;
este São Benedito do velho santeiro Alfredo Duval;
este couro de anta, estendido no sofá da sala de visitas;
este orgulho, esta cabeça baixa...

Tive ouro, tive gado, tive fazendas.
Hoje sou funcionário público.
Itabira é apenas uma fotografia na parede.
Mas como dói!

Infância

A Abgar Renault

Meu pai montava a cavalo, ia para o campo.
Minha mãe ficava sentada cosendo.
Meu irmão pequeno dormia.
Eu sozinho menino entre mangueiras
lia a história de Robinson Crusoé,
comprida história que não acaba mais.

No meio-dia branco de luz uma voz que aprendeu
a ninar nos longes da senzala — e nunca se esqueceu
chamava para o café.
Café preto que nem a preta velha
café gostoso
café bom.

Minha mãe ficava sentada cosendo
olhando para mim:
— Psiu... Não acorde o menino.
Para o berço onde pousou um mosquito.
E dava um suspiro... que fundo!

Lá longe meu pai campeava
no mato sem fim da fazenda.

E eu não sabia que minha história
era mais bonita que a de Robinson Crusoé.

O eco

A fazenda fica perto da cidade.
Entre a fazenda e a cidade
o morro
a farpa de arame
a porteira
o eco.

O eco é um ser soturno, acorrentado
na espessura da mata.
E profundamente silencioso
em seu mistério não desafiado.

Passo, não resisto a provocá-lo.
O eco me repete
ou me responde?
Forte em monossílabos,
grita ulula blasfema
brinca chalaceia diz imoralidades,
finais de coisas doidas que lhe digo,
e nunca é alegre mesmo quando brinca.

É o último selvagem sobre a Terra.
Todos os índios foram exterminados ou fugiram.
Restou o eco, prisioneiro
de minha voz.

De tanto se entrevar no mato,
já nem sei se é mais índio ou vegetal
ou pedra, na ânsia da passagem
de um som do mundo em boca de menino,

som libertador
som moleque
som perverso,
qualquer som de vida despertada.

O eco, no caminho
entre a cidade e a fazenda,
é no fundo de mim que me responde.

Cidadezinha qualquer

Casas entre bananeiras
mulheres entre laranjeiras
pomar amor cantar.

Um homem vai devagar.
Um cachorro vai devagar.
Um burro vai devagar.
Devagar... as janelas olham.

Eta vida besta, meu Deus.

Paredão

Uma cidade toda paredão.
Paredão em volta das casas.
Em volta, paredão, das almas.
O paredão dos precipícios.
O paredão familial.

Ruas feitas de paredão.
O paredão é a própria rua,
onde passar ou não passar
é a mesma forma de prisão.

Paredão de umidade e sombra,
sem uma fresta para a vida.
A canivete perfurá-lo,
a unha, a dente, a bofetão?
Se do outro lado existe apenas
outro, mais outro, paredão?

Casa

Há de dar para a Câmara,
de poder a poder.
No flanco, a Matriz,
de poder a poder.
Ter vista para a serra,
de poder a poder.
Sacadas e sacadas
comandando a paisagem.
Há de ter dez quartos
de portas sempre abertas
ao olho e pisar do chefe.
Areia fina lavada
na sala de visitas.
Alcova no fundo
sufocando o segredo
de cartas e baús
enferrujados.
Terá um pátio
quase espanhol vazio
pedrento
fotografando o silêncio
do sol sobre a laje,
da família sobre o tempo.
Forno estufado
fogão de muita fumaça
e renda de picumã nos barrotes.
Galinheiro comprido
à sombra de muro úmido.
Quintal erguido
em rampa suave, flores
convertidas em hortaliça
e chão ofertado ao corpo
que adore conviver
com formigas, desenterrar minhocas,
ler revista e nuvem.
Quintal terminando >

em pasto infinito
onde um cavalo espere
o dia seguinte
e o bambual receba
telex do vento.
Há de ter tudo isso
mais o quarto de lenha
mais o quarto de arreios
mais a estrebaria
para o chefe apear e montar
na maior comodidade.
Há de ser por fora
azul 1911.
Do contrário não é casa.

Procissão do encontro

Lá vai a procissão da igreja do Rosário.
Lá vem a procissão da igreja da Saúde.
O encontro é em frente à casa de João Rosa.
Encontro de Mãe e Filho
trágicos, imóveis nos andores.
Ao ar livre
o púlpito de púrpura drapeja
no entardecer da serra fria.
A voz censura ternamente o Homem
que se deixa imolar por muito amor
e do amor materno se desprende.
Não há nada a fazer para impedi-lo?
A terra abre mão de seu resgate
para salvar o Deus que quis salvá-la.
O ferro da cidade se comove,
não o peito de Cristo.
E o roxo manto, as lágrimas de sangue,
a cruz, as sete espadas
vão navegando sobre ombros
pela rua-teatro, lentamente.

Relógio do Rosário

Era tão claro o dia, mas a treva,
do som baixando, em seu baixar me leva

pelo âmago de tudo, e no mais fundo
decifro o choro pânico do mundo,

que se entrelaça no meu próprio choro,
e compomos os dois um vasto coro.

Oh dor individual, afrodisíaco
selo gravado em plano dionisíaco,

a desdobrar-se, tal um fogo incerto,
em qualquer um mostrando o ser deserto,

dor primeira e geral, esparramada,
nutrindo-se do sal do próprio nada,

convertendo-se, turva e minuciosa,
em mil pequena dor, qual mais raivosa,

prelibando o momento bom de doer,
a invocá-lo, se custa a aparecer,

dor de tudo e de todos, dor sem nome,
ativa mesmo se a memória some,

dor do rei e da roca, dor da cousa
indistinta e universa, onde repousa

tão habitual e rica de pungência
como um fruto maduro, uma vivência,

dor dos bichos, oclusa nos focinhos,
nas caudas titilantes, nos arminhos,

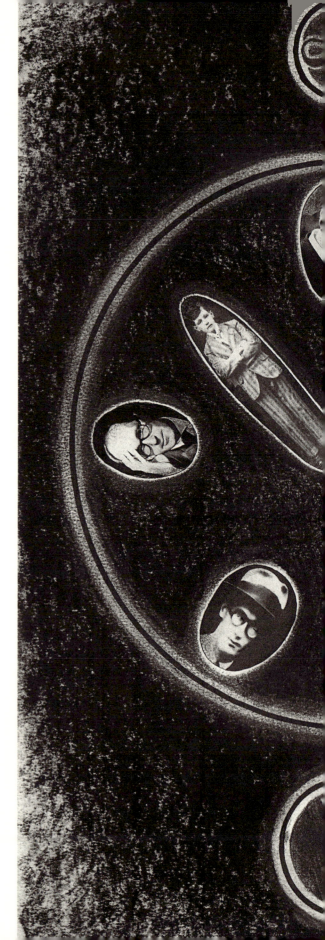

32 • CANTO MINERAL

dor do espaço e do caos e das esferas,
do tempo que há de vir, das velhas eras!

Não é pois todo amor alvo divino,
e mais aguda seta que o destino?

Não é motor de tudo e nossa única
fonte de luz, na luz de sua túnica?

O amor elide a face... Ele murmura
algo que foge, e é brisa e fala impura.

O amor não nos explica. E nada basta,
nada é de natureza assim tão casta

que não macule ou perca sua essência
ao contato furioso da existência.

Nem existir é mais que um exercício
de pesquisar de vida um vago indício,

a provar a nós mesmos que, vivendo,
estamos para doer, estamos doendo.

Mas, na dourada praça do Rosário,
foi-se, no som, a sombra. O columbário

já cinza se concentra, pó de tumbas,
já se permite azul, risco de pombas.

Sino

O sino Elias não soa
por qualquer um
mas quando soa, reboa
como nenhum.
Com seu nome de profeta,
sua voz de eternidade,
o sino Elias transmite
as grandes falas de Deus
ao povo desta cidade,
as faltas que os outros sinos
nem sonham interpretar.
Coitados, de tão mofinos,
quando soa a voz de Elias,
têm ordem de se calar.

Têm ordem de se calar,
e toda a cidade, muda,
é som profundo no ar,
um som que liga o passado
ao futuro, ao mais que o tempo,
e no entardecer escuro
abre um clarão.
Já não somos prisioneiros
de um emprego, de uma região.
Precipitadas no espaço,
ao sopro do sino Elias,
nossa vida, nossa morte,
nossa raiz mais trançada,
nossa poeira mais fina,
esperança descarnada,
se dispersam no universo.

Chega, Elias, é demais.

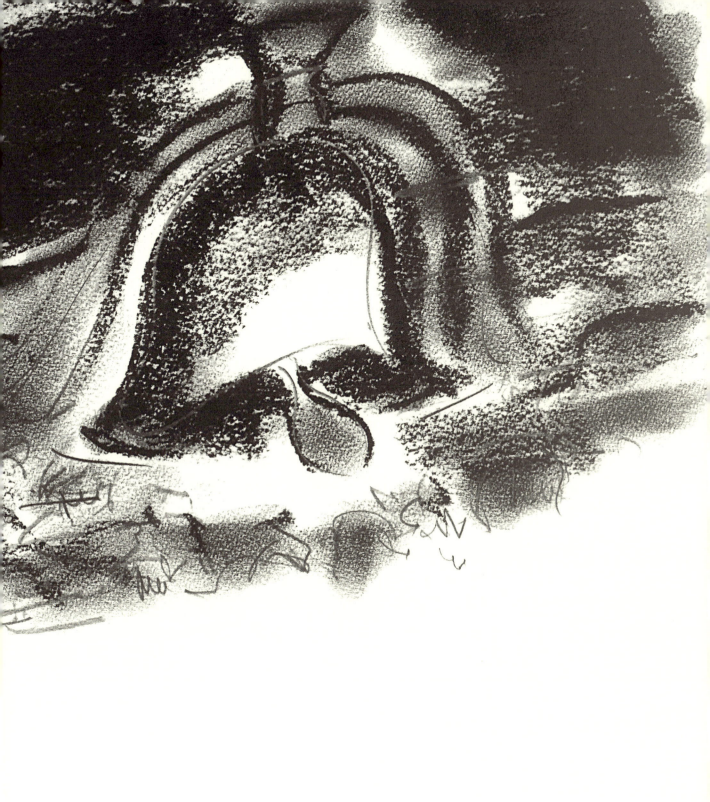

Ausência

Subir ao Pico do Amor
e lá em cima
sentir presença de amor.

No Pico do Amor amor não está.
Reina serenidade de nuvens
sussurrando ao coração: Que importa?

Lá embaixo, talvez, amor está,
em lagoa decerto, em grota funda.
Ou? mais encoberto ainda, onde se refugiam
coisas que não são, e tremem de vir a ser.

Pedra natal

        ita   bira
pedra luzente   candeia seca
pedra empinada   sono em decúbito
pedra pontuda   tempo e desgaste
pedra falante   sem confidência
pedra pesante   paina de ferro
por toda a vida   viva vivida

        pedra
       mais nada

Biblioteca verde

Papai, me compra a Biblioteca Internacional de
                              [Obras Célebres.
São só 24 volumes encadernados
em percalina verde.
Meu filho, é livro demais para uma criança.
Compra assim mesmo, pai, eu cresço logo.
Quando crescer eu compro. Agora não.
Papai, me compra agora. É em percalina verde,
só 24 volumes. Compra, compra, compra.
Fica quieto, menino, eu vou comprar.

Rio de Janeiro? Aqui é o Coronel.
Me mande urgente sua Biblioteca
bem acondicionada, não quero defeito.
Se vier com arranhão recuso, já sabe:
quero devolução de meu dinheiro.
Está bem, Coronel, ordens são ordens.
Segue a Biblioteca pelo trem de ferro,
fino caixote de alumínio e pinho.
Termina o ramal, o burro de carga
vai levando tamanho universo.

Chega cheirando a papel novo, mata
de pinheiros toda verde. Sou
o mais rico menino destas redondezas.
(Orgulho, não; inveja de mim mesmo.)
Ninguém mais aqui possui a coleção
das Obras Célebres. Tenho de ler tudo.
Antes de ler, que bom passar a mão
no som da percalina, esse cristal
de fluida transparência: verde, verde.
Amanhã começo a ler. Agora não.

Agora quero ver figuras. Todas.
Templo de Tebas. Osíris, Medusa,
Apolo nu, Vênus nua... Nossa
Senhora, tem disso nos livros?
Depressa, as letras. Careço ler tudo.
A mãe se queixa: Não dorme este menino.
O irmão reclama: Apaga a luz, cretino!
Espermacete cai na cama, queima
a perna, o sono. Olha que eu tomo e rasgo
essa Biblioteca antes que pegue fogo
na casa. Vai dormir, menino, antes que eu perca
a paciência e te dê uma sova. Dorme,
filhinho meu, tão doido, tão fraquinho.

Mas leio, leio. Em filosofias
tropeço e caio, cavalgo de novo
meu verde livro, em cavalarias
me perco, medievo; em contos, poemas
me vejo viver. Como te devoro,
verde pastagem. Ou antes carruagem
de fugir de mim e me trazer de volta
à casa a qualquer hora num fechar
de páginas?

Tudo que sei é ela que me ensina.
O que saberei, o que não saberei
nunca,
está na Biblioteca em verde murmúrio
de flauta-percalina eternamente.

Fim da casa paterna

I

E chega a hora negra de estudar.
Hora de viajar
rumo à sabedoria do colégio.

Além, muito além de mato e serra,
fica o internato sem doçura.
Risos perguntando, maliciosos
no pátio de recreio, imprevisível.
O colchão diferente.

O despertar em série (nunca mais
acordo individualmente, soberano).
A fisionomia indecifrável
dos padres professores.
Até o céu diferente: céu de exílio.
Eu sei, que nunca vi, e tenho medo.

Vou dobrar-me
à regra nova de viver.
Ser outro que não eu, até agora
musicalmente agasalhado
na voz de minha mãe, que cura doenças,
escorado
no bronze de meu pai, que afasta os raios.

Ou vou ser — talvez isso — apenas eu
unicamente eu, a revelar-me
na sozinha aventura em terra estranha?
Agora me retalha
o canivete desta descoberta:
eu não quero ser eu, prefiro continuar
objeto de família.

II

A "condução" me espera:
o cavalo arreado, o alforje
da matalotagem,
o burrinho de carga,
o camarada-escudeiro, que irá
na retaguarda,
meu pai-imperador, o Abre-Caminho.

Os olhos se despedem da paisagem
que não me retribui.
A casa, a própria casa me ignora.
Nenhuma xícara ou porta me deseja
boa viagem.
Só o lenço de minha mãe fala comigo
e já se recolheu.

III

São oito léguas compridas
no universo sem estradas.
São morros de não-acaba
e trilhas de tropa lenta
a nos barrar a passagem.
Pequenos rios de barro
sem iaras, sem canoas
e uns solitários coqueiros
vigiando mortas casas
de falecidas fazendas.
Ou são mergulhos na lama
de patas que não têm pressa
de chegar a Santa Bárbara.
Quando termina a viagem,
se por acaso termina,
pois vai sempre se adiando
o pouso que o pai promete
a consolar o menino? >

Que imenso país é este
das Minas fora do mapa
contido no meu caderno?

Que Minas sem fim nem traço
de resmungo entre raríssimos
roceiros que apenas roçam
mão na aba do chapéu
em saudação de passante?
O cavalgar inexperto
martiriza o corpo exausto.
Se bem que macia a seda,
deixa o traseiro esfolado.
Até que afinal, hosana!
apeando em São Gonçalo
diante da suspirada
venda de Augusto Pessoa,
meu pai, descansando, estende-me
o copo quente e divino
de uma cerveja Fidalga.
Bebi. Bebemos. Avante.

IV

Tenho que assimilar a singularidade
do trem de ferro.
Sua bufante locomotiva, seus estertores,
seus rangidos, a angustiante
ou festiva mensagem do seu apito.

Ah, seus assentos conjugados de palhinha
sobre o estofo.
Nunca viajei em bloco, a vida
começa a complicar-se.
Novidade intrigante, o sabonete
preso na corrente.

Minha terra era livre, e meu quarto infinito.

Ruas

Por que ruas tão largas?
Por que ruas tão retas?
Meu passo torto
foi regulado pelos becos tortos
de onde venho.
Não sei andar na vastidão simétrica
implacável.
Cidade grande é isso?
Cidades são passagens sinuosas
de esconde-esconde
em que as casas aparecem-desaparecem
quando bem entendem

e todo mundo acha normal.
Aqui tudo é exposto
evidente
cintilante. Aqui
obrigam-me a nascer de novo, desarmado.

Jardim da Praça da Liberdade

A Gustavo Capanema

Verdes bulindo.
Sonata cariciosa da água
fugindo entre rosas geométricas.
Ventos elísios.
Macio.
Jardim tão pouco brasileiro... mas tão lindo.

Paisagem sem fundo.
A terra não sofreu para dar estas flores.
Sem ressonância.
O minuto que passa
desabrochando em floração inconsciente.
Bonito demais. Sem humanidade.
Literário demais.

(Pobres jardins do meu sertão,
atrás da Serra do Curral!
Nem repuxos frios nem tanques langues,
nem bombas nem jardineiros oficiais.
Só o mato crescendo indiferente entre
       [sempre-vivas desbotadas
e o olhar desditoso da moça desfolhando
       [malmequeres.)

Jardim da Praça da Liberdade,
Versailles entre bondes.
Na moldura das Secretarias compenetradas
a graça inteligente da relva
compõe o sonho dos verdes.

PROIBIDO PISAR NO GRAMADO
Talvez fosse melhor dizer:
PROIBIDO COMER O GRAMADO
A prefeitura vigilante
vela a soneca das ervinhas.
E o capote preto do guarda é uma bandeira na
                [noite estrelada de funcionários.

De repente uma banda preta
vermelha retinta suando
bate um dobrado batuta
na doçura
do jardim.

Repuxos espavoridos fugindo.

Adeus ao colégio

I

Adeus colégio, adeus vida
vivida sob inspeção,
dois anos jogados fora
ou dentro de um caldeirão
em que se fritam destinos
e se derrete a ilusão.
Já preparo minha trouxa
e durmo na solidão.
Amanhã cedo retiro-me,
pego o trem da Leopoldina,
vou ser de novo mineiro.
Da angústia a lâmina fina
começa a me cutucar.
É uma angústia menina,
ganhará forma de cruz
ou imagem serpentina.
Sei lá se sou inocente
ou sinistro criminoso.
Se rogo perdão a Deus
ou peço abrigo ao Tinhoso.
Que será do meu futuro
se o vejo tão amargoso?
Sou um ser estilhaçado
que faz do medo o seu gozo.

II

Nada mais insuportável do que essa viagem de trem.
Se me atirassem no vagão de gado a caminho do
                                    [matadouro
talvez eu me soubesse menos infeliz.
Seria o fim, e há no fim uma gota de delícia,
um himalaia de silêncio para sempre.
Não quero ouvir falar de mim.
Não quero eu mesmo estar em mim.
Quero ser o barulho das ferragens me abafando,
quero evaporar-me na fumaça,
quero o não querer, quero o não-quero.
Como custa a chegar o chão de Minas.
Será que se mudou ou se perdeu?
Olho para um lado. Para outro.
O esvoaçar de viuvez
no todo preto da senhora à esquerda,
no preto dos vestidos, das meias e sapatos
de duas mocinhas de olhos baixos,
não tão baixos assim. Essa os levanta
cruza com os meus, detêm-se. O luto evola-se.
É um dealbar no trem tristonho,
sonata em miosótis, aragem na avenca
súbito surginte
em jarra cristalina.
Cuidados meus, desgraças minhas,
eia, fugi para bem longe.
O idílio dos olhos vos expulsa,
como expulso fui eu, ainda há pouco,
de outra forma — que forma? nem me lembra.
Vem do céu a menina e a ele me leva,
leves, levíssimos os dois.
Palavra não trocamos: impossível
mãe presente.
E para que trocá-las, se nem sei
se vigoram palavras nesta esfera
diáfana, a que me vejo transportado? >

Nem ideia de amor acode à mente,
que o melhor de amar não é dizer-se,
nem mesmo sentir-se: é nos abrir
a mais sublime porta subterrânea.
Estou iluminado
por dentro, no passado,
no futuro mais longínquo
e meu presente é não estar no tempo
e alçar-me de toda contingência.
De banco de palhinha a banco de palhinha,
entre fagulhas de carvão
fosforescentes na vidraça,
entre conversas e pigarros,
diante do chefe de trem que picota bilhetes,
torna-se a vida bem não desgastável
se a menina sorri
quase sem perceber que está sorrindo.
Nem a irmã reparou. Mas eu colhi
a laranja de flores deste instante
que vou mastigando como um deus.
Foi preciso sofrer por merecê-la?
Agora que a alcancei, não deixo mais
este comboio, este sol...

III

Por que foi que inventaram
a estação de Entre Rios?
E por que se exige aqui baldeação
aos que precisam de Minas?
Já não preciso mais. Vou neste trem
até o infinito dos seus olhos.
Advertem-me glacialmente:
"Tome o trem da Central e vá com Deus".
Como irei, se vou sozinho e sem mim mesmo
se nunca mais, se nunca mais na vida
verei essa menina?
Expulso de sua vista
volto a saber-me expulso do colégio
e o Brasil é dor em mim por toda parte.

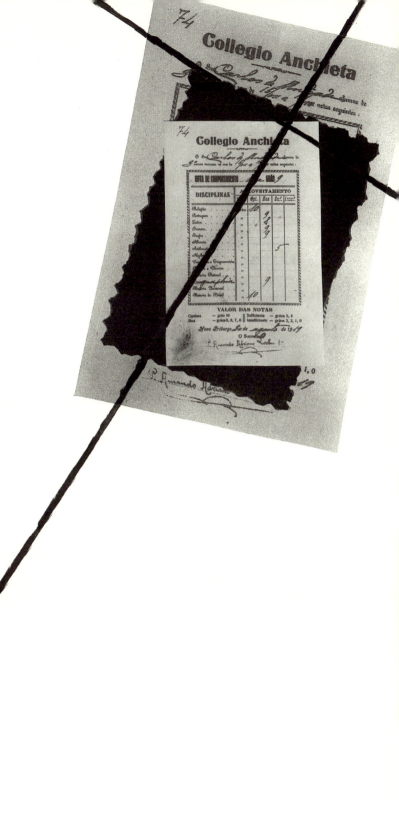

A casa sem raiz

A casa não é mais de guarda-mor ou coronel.
Não é mais o Sobrado. E já não é azul.
É uma casa, entre outras. O diminuto alpendre
onde oleoso pintor pintou o pescador
pescando peixes improváveis. A casa tem degraus de mármore
mas lhe falta aquele som dos tabuões pisados de botas,
que repercute no Pará. Os tambores do clã.
A casa é em outra cidade,
em diverso planeta onde somos, o quê? numerais moradores.

Tem todo o conforto, sim. Não o altivo desconforto
do banho de bacia e da latrina de madeira.
Aqui ninguém bate palmas. Toca-se campainha.
As mãos batiam palmas diferentes.
A batida era alegre ou dramática ou suplicante ou serena.
A campainha emite um timbre sem história.
A casa não é mais a casa itabirana.

Tenho que me adaptar? Tenho que viver a casa
ao jeito da outra casa, a que era eterna.
Mobiliá-la de lembranças, de cheiros, de sabores,
de esconderijos, de pecados, de signos,
só de mim sabidos. E de José, de mais ninguém.

Transporto para o quarto badulaques-diamante
de um século. Transporto umidade, calor,
margaridas esmaltadas fervendo
no bule. E mais sustos, pavores, maldições
que habitavam certos cômodos — era tudo sagrado.

Aqui ninguém morreu, é amplamente
o vazio biográfico. Nem veio de noite a parteira
(vinha sempre de noite, à hora de nascer)
enquanto a gente era levada para cômodos distantes,
e tanta distância havia dentro, infinito, da casa,
que ninguém escutava gemido e choro de alumbramento,
e de manhã o sol era menino novo.

Faltam os quadros dos quatro (eram quatro continentes:
América Europa Ásia África) mulheres
voluptuosamente reclinadas
em coxins de pressentidas safadezas.
A fabulosa copa onde ânforas
dormiam desde a festa de 1898
guardando seus tinidos subentendidos,
guardando a própria cor enclausurada.
O forno abobadal, o picumã
rendilhando barrotes na cozinha.
E o que era sigilo nos armários.
E o que era romance no sigilo.
Falta...
Falto, menino eu, peça da casa.

Tão estranho crescer, adolescer
com alma antiga, carregar as coisas
que não se deixam carregar.
A indelével casa me habitando, impondo
sua lei de defesa contra o tempo.
Sou o corredor, sou o telhado
sobre a estrebaria sem cavalos mas nitrindo
à espera de embornal. Casa-cavalo,
casa de fazenda na cidade,
o pasto, ao Norte; ao Sul, quarto de arreios,
e esse mar de café rolando em grão
na palma de sua mão — o pai é a casa
e a casa não é mais, nem sou a casa térrea,
terrestre, contingente,
suposta habitação de um eu moderno.

Rua Silva Jardim, ou silvo em mim?

Dormir na Floresta

Dormir na Floresta
é dormir sem feras
rugiameaçando.
(A Floresta, bairro
de jardins olentes
com leões cerâmicos
a vigiar portões
e sonhos burgueses
de alunas internas
do Santa Maria.)
Dormir na Floresta
é dormir em paz
de família mineira
para todo o sempre
garantida em bancos
e gado de corte,
seguro de vida
na Equitativa,
crédito aberto
no Parc Royal,
guarda-chuva-e-vento
do P.R.M.,
indulgência plena
do Vaticano.
E ter a certeza,
na manhã seguinte,
de bom leite gordo
manado de vacas
da própria Floresta,
de bom pão cheiroso
cozido nos fornos
da Floresta próvida.
Dormir na Floresta
é esquecer Lênine,
o Kaiser, a crise, >

a crase, o ginásio,
restaurar as fontes
do ser primitivo
que era todo lúdico
antes de sofrer
o esbarro, a facada
de pensar o mundo.
Mas de madrugada
ou talvez ainda
na curva das onze
(pois se dorme cedo
na Floresta calma,
de cedo acordar),
um lamento lúgubre,
um longo gemido,
um uivo trevoso
de animal sofrendo
corta o sono a meio
e todo o sistema
de azul segurança
da Floresta rui.
Que dor se derrama
sobre nossas camas
e embebe o lençol
de temor e alarma?
Que notícia ruim
do resto da Terra
não compendiado
em nossos domínios
invade o fortim
da noite serena?
Logo nossas vidas
e mais seus problemas
despem-se, descarnam-se
de todo ouropel.
Já não somos os >

privilegiados
príncipes da paz.
Já somos viventes
intranquilos, pávidos,
como os da Lagoinha
ou de Carlos Prates,
à mercê de furtos,
de doenças, fomes,
letras protestadas,
e pior do que isso,
carregando o mundo
e seus desconcertos
em ombros curvados.
Eis que se repete
o pungente guai,
perfurando as ruas
e casas e mentes
com seu aflitivo
doer dor sem nome.
De onde vem, aonde
vai, se vai ou vem?
Triste, ferroviário
apito de máquina
da Oeste de Minas
manobrando insone,
paralelo ao rouco
ir e vir arfante
de locomotiva
da Central, rasgando
a seda sem ruga
de dormir sem dívidas,
cobrando a vigília,
o amargo remoer
da consciência turva. >

50 • CANTO MINERAL

Não parte, não volta
de nenhum destino
o trem espectral,
roda sem horário,
passageiro ou carga,
senão nossa carga
interior, pesada,
de carvão, minério,
queijo de incertezas, >

milho de perguntas
? ? ? ? ? ? ? ?
gado de omissões.
Fero, trem noturno
a semear angústia
na relva celeste
da Floresta em flor.

Hino ao bonde

Os derradeiros carros de praça
recolhem seus rocinantes esquálidos
à cocheira do esquecimento.
Os próprios cocheiros se desvanecem
no crepúsculo da Serra do Curral.
Meia dúzia de automóveis à sombra dos fícus
espera meia dúzia de privilegiados
que vão cumprimentar o Presidente do Estado
em seu bastião florido da Praça da Liberdade.
O mais? Andar a pé
quilômetros de terra vermelha sossegada,
e bondes.
Os caluniados bondes da Empresa Carvalho de Brito,
os admiráveis bondes, botas de sete léguas
de estudantes, funcionários, operários,
desembargadores, poetas, caixeiros.
O bonde, sede da democracia em movimento,
esperado com pachorra no Bar do Ponto
nos abrigos Pernambuco e Ceará,
o arejado, pacífico, oportuníssimo
salão onde se leem de cabo a rabo
o expediente das nomeações e demissões
nas páginas sagradas do *Minas Gerais*
e as verrinas amarelas dos jornalecos da oposição.
Bonde onde se conversa
a lenta conversa mineira de Ouro Preto,
Pirapora, Guanhães, Itapecerica.
Onde se namora debaixo do maior respeito,
com olhares furtivos que o pai da moça não percebe.
(Ah! se percebesse!...)
Bonde turístico, antes que o turismo seja inventado.
Vamos dar a *volta-Ceará*?
Por um tostão passamos em revista
palacetes *art nouveau* novinhos em folha,
penetramos no verde mistério abissal da Serra,
onde cada inseto é uma nota de música
e as águas gorgolejam em partita de Bach. >

Por um tostão as lonjuras do Prado Mineiro,
onde ainda se escuta, se nascemos nostálgicos,
o pacapacá dos cavalinhos brincando de Derby.
Um tusta apenas e é a ridente Floresta,
seu Colégio Santa Maria, cheio de meninas
(ainda não se usa a palavra garota)
que vão num bonde mágico e nele retornam
para o rápido cruzamento em que, do nosso bonde,
sentimos passar a graça das sílfides
e o esvoaçar das libélulas
inalcançável.
É tudo inalcançáveis na cidade,
por isso mais lindo.
Viajamos pelos países modestos de Carlos Prates
e Lagoinha, pelo país violáceo do Bonfim,
vejo minhas primas meninas
se arredondarem no Calafate,
e há sempre uma cor a descobrir,
um costume singelo, o portão de um alpendre
com pinturas a óleo de castelos
que são o outro lado de Minas: o irreal.
Andar de bonde é meu programa,
voltar do fim da linha,
mudando eu mesmo o banco para a frente.
Confiro os postes, as pessoas
pontuais na hora de subir.
Adoro o bonde deserto das madrugadas
que abre um clarão nas rampas e, rangendo
nas curvas, rasga o sono,
impondo o mandamento de viver,
até mesmo no túnel da noite.
Suave bonde burocrático, atrasado bonde sob a chuva
que molha os bancos sob cortinas emperradas,
bonde amarrado à vida de 50
mil passageiros, minha gôndola,
meu diário bergantim, meu aeroplano,
minha casa particular aberta ao povo,
eu te saúdo, te agradeço; e em pé no estribo,
agarrado ao balaústre,
de modesto que és, faço-te ilustre.

Dois fantasmas

O fantasma da Serra,
natural de Ouro Preto,
ninguém mais fala nele.
Desistiu; apagou.
Nos lentos, velhos tempos
cumpria seu destino
com toda a sisudez.
Era grave, pontual,
a ninguém assustava.
Surgia à meia-noite
e trinta, ponderado,
no nevoeiro de junho,
a pessoas seletas
que voltavam de festa.
Deixava-se ficar
junto a portões de chácaras
e lembrava sem gesto
a convivial presença
das almas-do-outro-mundo
no coração mineiro.
Há muito ninguém volta
de festa na Floresta
ou qualquer outro bairro.
A rua embalsamada
permanece vestida
de solidão-magnólia.
Por falta de assistentes,
retira-se o fantasma
rumo ao País do Tédio.
Chega a vez do avantesma
da popular Lagoinha,
noutro extremo da vida.
Sinal de coisas novas.
É excêntrico, forja
diabruras cruéis.
Espanta motorneiros >
sentando-se entre os trilhos
sem mover uma palha
se o bonde tilintante
desce a rampa. Conserva-se
em calmo desafio
à potência rangente.
O motorneiro, morto,
de pavor, pula fora,
o condutor imita-o,
os raros passageiros
dessa hora glacial
aos gritos se levantam,
e no tremendo instante
de esmagar o duende
ou de morrermos todos,
ele, o senhor de preto,
sem rosto, mas sarcástico
na postura insolente,
dissolve-se qual sonho
que não quer ser sonhado.
Em estrondar de rodas
de súbito freadas,
o pesadelo extingue-se.
Apenas se distingue
no interior do bonde
o convulsivo choro,
e na rua-teatro
ao sol da lua cheia,
vago cheiro de enxofre.

Vigília

A qualquer hora do dia ou da noite,
o ano inteiro, a vida inteira,
os padres da Boa Viagem,
os padres de Santa Efigênia dos Militares
atendem a chamados para confissão de agonizantes.
Sai aviso no *Minas*
e a morte, que paira sobre Belo Horizonte
e sobre todas as cidades, em qualquer tempo,
sente limitado o seu poder.
Já não chega à traição,
já não golpeia sem que o pecador
possa arrepender-se
e na mão de Deus, na sua mão direita,
como queria Antero, apascentar-se.
A noite mineira é mais tranquila:
convida, camarada,
a pecar mais um momento, um só, bem lento.

Canção da moça-fantasma de Belo Horizonte

Eu sou a Moça-Fantasma
que espera na rua do Chumbo
o carro da madrugada.
Eu sou branca e longa e fria,
a minha carne é um suspiro
na madrugada da serra.
Eu sou a Moça-Fantasma.
O meu nome era Maria,
Maria-Que-Morreu-Antes.

Sou a vossa namorada
que morreu de apendicite,
no desastre de automóvel
ou suicidou-se na praia
e seus cabelos ficaram
longos na vossa lembrança.
Eu nunca fui deste mundo:
Se beijava, minha boca
dizia de outros planetas
em que os amantes se queimam
num fogo casto e se tornam
estrelas, sem ironia.

Morri sem ter tido tempo
de ser vossa, como as outras.
Não me conformo com isso,
e quando as polícias dormem
em mim e fora de mim,
meu espectro itinerante
desce a Serra do Curral,
vai olhando as casas novas,
ronda as hortas amorosas
(rua Cláudio Manuel da Costa),
para no Abrigo Ceará,
não há abrigo. Um perfume
que não conheço me invade:
é o cheiro do vosso sono
quente, doce, enrodilhado
nos braços das espanholas...
Oh! deixai-me dormir convosco.

E vai, como não encontro
nenhum dos meus namorados,
que as francesas conquistaram,
e que beberam todo o uísque
existente no Brasil
(agora dormem embriagados),
espreito os carros que passam
com chóferes que não suspeitam
de minha brancura e fogem.
Os tímidos guardas-civis,
coitados! um quis me prender.
Abri-lhe os braços... Incrédulo,
me apalpou. Não tinha carne
e por cima do vestido
e por baixo do vestido
era a mesma ausência branca,
um só desespero branco...
Podeis ver: o que era corpo
foi comido pelo gato.

As moças que ainda estão
               vivas
(hão de morrer, ficai certos)
têm medo que eu apareça
e lhes puxe a perna... Engano.
Eu fui moça, serei moça
deserta, *per omnia saecula*.
Não quero saber de moças.
Mas os moços me perturbam.
Não sei como libertar-me.
Se o fantasma não sofresse,
se eles ainda me gostassem
e o espiritismo consentisse,
mas eu sei que é proibido,
vós sois carne, eu sou vapor.
Um vapor que se dissolve
quando o sol rompe na Serra.

Agora estou consolada,
disse tudo que queria,
subirei àquela nuvem,
serei lâmina gelada,
cintilarei sobre os homens.
Meu reflexo na piscina
da Avenida Paraúna
(estrelas não se
compreendem),
ninguém o compreenderá.

Carnaval e moças

Minas Gerais está mudando?
As moças vão para o corso fantasiadas de
                              [Malandrinhas.
Não cantam "A malandragem eu não posso deixar"
nem "Eu quero é nota",
mas do alto dos carros de capota arriada,
sorrindo, atirando serpentinas nos outros carros
entoam desenvoltas
"Levanta o pé,
esconde a mão,
quero saber se tu gostas de mim
ou não."

Os pais deixaram.
Aí vem o Bloco Papai Deixou:
as Tamm de Lima, as Franzen de Lima,
as Tamm Bias Fortes, as Tamm Loreto,
irmãs, primas, cunhadas, a família mineira
descobrindo e revelando uma alegria carioca,
a alegria do carnaval.

Moulin Rouge? Assim também não. Mas pode ser
                              [Moulin Bleu
com Maria Rosa Pena, Célia de Carvalho,
Iolanda Vieira, Iolanda Bandeira,
outras que vão desfilando, vão cantando
ou se não cantam, cantam os seus braços.

Cuidado! capitalistas de Belo Horizonte,
a Mão Negra está chegando e ameaçando.
Maria Geralda Sales, Irene e Pequetita Giffoni
fazem tremer o mineiro que tem sempre
um dinheirinho guardado nas dobras do silêncio
e um pecado, talvez, de todos ignorado.

Felizmente nos salvam os Três
ou as Três Mosqueteiras, galhardas e galantes.
Lúcia Machado é Porthos,
Maria Helena Caldeira é Athos,
e Aramis, Maria Helena Pena.
Cadê o D'Artagnan? Elas respondem:
"Foi ferido no último duelo,
mas nós três damos conta do recado."

Neste bloco maior vejo as Boêmias,
Ilka e Luizinha Andrada, Lurdes Rocha,
Hilda Borges da Costa, Heloísa Sales,
e Tinice e Clarita e Cidinha e quem mais.
Nomeá-las todas não posso: são dois carros
e é preciso olhar, passando na Avenida,
as Sevilhanas, as Aviadoras,
os Fantasmas da Ópera, as Caçadoras de
                              [Corações,
as Senhoritas Barba-Azul, copiadas de Bebé
                              [Daniels,
as Funcionárias (da Secretaria das Finanças),
e na calçada os Netos de Gambrinus
fantasiados de Barril de Chope.

Meu Deus, de cada rua
no bloco irrompe, e é tudo animação.
Bailarinas do Xeque, sem o Xeque,
nem eu queria vê-lo: elas sozinhas
cercam de Oriente minha sertanice.
De cada município agora sinto
afluir foliões em sarabanda.
Minas perdeu o sério. Minas pula,
revoluteia, grita, esquece a história
comedida, o severo "vou pensar".
Minas nao pensa mais, Minas se agita
ao som do jazz, ao som do bumbo, zunzunzun.

Vejo tudo isto ou estou sonhando
à mesa do Trianon, junto de Emílio,
poeta amigo, e Almeida,
sorvendo uma *frappée,* lenço molhado
de Rodo, pasárgada dos tímidos?
Ao clube não irei, nem aspirante
de sócio me tornei. Na minha face
gravado foi por lei hereditária:
"Este não dança." Sei apenas ver,
e o que vejo na rua da Bahia
é chuva chuva chuva sem parar,
é chuva e guarda-chuva, luva-dilúvio
a envolver os dedos da cidade.
Na cara dos garçons, nas fustigadas
árvores, do desolado cão fuginte,
na deserta calçada noturnal,
esta leitura faço, da sentença:
"Por aqui, a Quaresma
no sábado de carnaval é que começa."

Jornal falado no salão Vivacqua

Garotas de Cachoeiro civilizam
nosso mineiro burgo relaxado.
No salão todo luz chega o perfume
das roseiras da praça. Burburinho.
Aqui, a se sorrirem, vejo os máximos
escritores da nova geração.
São jornalistas esta noite. A bela Angélica,
a suave Edelmira, a grácil Mariquinha
assim o determinam. Milton Campos
abre o *Jornal Falado*. Flui a verve
de seu editorial. Na sua voz,
a política é um jogo divertido
de punhais cetinosos que se cravam
sem derrame de sangue — e a vítima nem sabe,
perremisticamente golpeada,
que já morreu: continua deputado.
De Abgar, primeira página, o soneto,
mais lapidado que diamante,
recebe aplausos invejosos. Oh, quem soubera
tanger assim o lírico instrumento,
decerto conquistara
todas as do planeta moças lindas!
Um êmulo romântico se aproxima:
é Batista decassílabo Santiago:
"Ah, saudade que vive me enganando
e faz que eu ouça a tua voz, ouvindo
as folhas mortas em que vou pisando..."
Jornal é só poesia? Nada disso.
João Dornas traça a viva reportagem
urbana. Que parada,
achar acontecimentos onde nada
acontece, depois de Rui Barbosa!
Ele inventa, ele cria? Fatos raros
baixam do lustre, pulam no tapete
e Nava, prodigioso desenhista,
risca os perfis, os gestos, os lugares. >

Delorizano, grave,
fala de ciência,
o Romeu de Avelar conta do Norte.
Aquiles é o cronista social:
noivados e potins e flertes surpreendidos
na segunda sessão do Odeon... Caluda!
Alguém pode não gostar. João Guimarães
é o nosso humorista. João Alphonsus
inicia o romance-folhetim:
em minutos tem princípio, meio e fim.
Eis chega a minha vez. A minha vez?
Mas como? se eu esperava não chegasse
e lá pela meia-noite o sono embaciasse
os anúncios da quarta página, final...
Não sei o que dizer. Digo: "Um acidente
nas oficinas impediu
saísse a minha crônica. Perdeu-se. Até amanhã."

A consciência suja

I

Vadiar, namorar, namorar, vadiar,
escrever sem pensar, sentir sem compreender,
é isso a adolescência? E teu pai mourejando
na fanada fazenda para te sustentar?

Toma tento, rapaz. Escolhe qualquer rumo,
vai ser isto ou aquilo, ser: não, disfarçar.
Que tal a profissão, o trabalho, o dinheiro
ganho por teu esforço, ó meu espelho débil?

Hesitas. Ziguezagueias. Chope não decide,
Verso, muito menos. Teus amigos já seguem
o caminho direito: leva à Faculdade,
à pompa estadual e talvez federal.

Erras, noite a fundo, em rebanho, em revolta,
contra teu próprio errar, sem programa de vida.
Ó vida, vida, vida, assim desperdiçada
a cada esquina de Bahia ou Paraúna.

Ela te avisa que vai fugir, está fugindo,
segunda, terça, torta, quarta, parda, quinta,
sápida, sexta, seca, sábado — passou!
Domingo é soletrar o vácuo de domingo.

Então, sei lá por que, tu serás farmacêutico.

II

E você continua a perder tempo
do Bar do Ponto à Escola de Farmácia
sem estudar.
Da Escola de Farmácia à doce Praça
da Liberdade >
sem trabalhar.
Da Praça novamente ao Bar do Ponto faladeiro,
do Bar do Ponto — é noite — à casa na Floresta
sem levar a sério o sério desta vida,
e é só dormir e namorar e vadiar.
Seus amigos passam de ano,
você não passa.
Ganham salário nas repartições,
você não ganha nada.
O Anatole France que degustam,
o Verlaine, o Gourmont, outras essências
do *clair génie français* já decadente,
compram com dinheiro do ordenado,
não de fácil mesada.
Se dormem com a Pingo de Ouro, a Jordelina,
pagam do próprio bolso esse prazer,
não de bolsa paterna.
Você pretende o quê?
Ficar nesse remanso a vida inteira?
O tempo vai passando, Clara Weiss
avisa no cartaz: *Addio, giovinezza,*
e você não vê, você não sente
a mensagem colada ao seu nariz?
Olhe os outros: formados, clinicando,
soltando réus, vencendo causas gordas,
e você aí, à porta do Giacomo
esperando chegar o trem das 10
com seu poeminha-em-prosa na revista,
que ninguém lerá nem tal merece.
Quem afinal sustenta sua vida?

Bois longínquos, éguas enevoadas
no cinza além da serra, estrume de fazenda,
a colheita de milho, o enramado feijão
e...
Fim.
A raça que já não caça,
ela em ti é caçada.

III

Noite-montanha. Noite vazia. Noite indecisa.
Confusa noite. Noite à procura, mesmo sem alvo.

O trem do Rio trouxe os jornais. Já foram lidos.
Em nenhum deles a obra-prima doura teu nome.

Que vais fazer, magro estudante, se não estudas,
nesta avenida de tempo longo, de tédio infuso?

Deusas passaram na tarde esquiva, inabordáveis.
Os cabarés estão proibidos aos sem-dinheiro.

Tua cerveja resta no copo, amargo-morna.
Minas inteira se banha em sono protocolar.

Nava deixou, leve no mármore, mais um desenho.
É Wilde? É Príapo? Vem o garçom, apaga o traço.

Galinha cega, de João Alphonsus. Que vem fazer,
onze da noite, letra miúda, enquanto Emílio,

ao nosso lado, singra tão longe, boia tão nuvem
em seus transmundos de indagativas constelações?

Luís Vaz perpassa, em voo grave, no Bar do Ponto:
soneto antigo, em novo timbre, de Abgar Renault.

Anatoliano, Mílton assesta os olhos míopes.
Sua voz mansa busca alegrar teu desconforto.

Vem manquitando Alberto Campos. Sua ironia
esconde o lume do coração. Rápido Alberto,

será o primeiro a nos deixar. Sabe da morte
alguém da roda? Sabe da vida? E por acaso

queres saber? Em poço raso vais afundar-te
para que os outros fiquem cientes de tua ausência

e ao mesmo tempo tu te divirtas a contemplá-los,
ator em férias. Perdão, te ofendo? Martins de
Almeida,

crítico-infante, faz o diagnóstico: *Brasil errado*.
Brasil, qual nada. O errado é este, sentado à mesa,

fraco aprendiz de desespero. Melhor: ingênuo?
Quantas caretas treinas no espelho para esconderes

a própria face? Nenhuma serve. O rosto autêntico
é o menos próprio para gravar o natural.

Que é natural? Verso? Mudez? Sais do letargo.
Cerram-se as portas, rangido-epílogo. Os outros vão-se,

com seus diplomas, brigar com a vida, domar a vida,
ganhar a vida. E teu cursinho físico-químico

não te vê nunca de livro aberto, de mão esperta,
laboratória. Não tomas jeito? Como é, rapaz?

A noite avança. O último bonde passa chispando
rumo à Floresta. Ou rumo aonde? Existe rumo?

Pedestre insone, vais caminhando. E nem reparas
nessa estrelinha, pálida, suja, na água do Arrudas.

Doidinhos

Também não alcancei os Jardineiros do Ideal,
mocidade-morta de Belo Horizonte.
Não conheci os Raros,
os Magníficentes
— oh que delícia: os Malditos,
do tempo em que o autor falava a leitores hipotéticos:
"Este é um livro de estreia. Caluniai-o."
Resta, de tantas brumas, o velho Horácio
e seu ceticismo sorridente
na cartorária redação do *Diário de Minas*.
Não me conta do Barão do Sete-Estrelo
nem do Cavaleiro da Rosa-Cruz.
Os tempos já não são os tempos. Ou nunca foram?
Governa, de *pince-nez*, Raul Soares,
vem aí Melo Viana, e Bernardes domina,
do alto dos altos, de *pince-nez* redondo,
o céu nacional.
Horácio? Sorri apenas,
diz alguma coisa que não entendo bem,
nem é para entender: suave cortesia
de quem pressente em mim um novo Raro,
novo Maldito, novo Magnificente,
ocupando na promíscua Pensão Alves um castelo de nuvens.
Não, meu, nosso castelo, a Confeitaria Estrela
é bem terrestre, com sua vitrina de salgadinhos,
e já não somos nem Raros nem Malditos
mas simples Doidinhos de nova espécie,
arrancadores de placas de advogados e dentistas
em noites de pouca ronda,
pequenos incendiários sem tutano
de atear completas labaredas.
Somos o que somos, mestre Horácio.

O fim das coisas

Fechado o Cinema Odeon, na rua da Bahia.
Fechado para sempre.
Não é possível, minha mocidade
fecha com ele um pouco.
Não amadureci ainda bastante
para aceitar a morte das coisas
que minhas coisas são, sendo de outrem,
e até aplaudi-la, quando for o caso.
(Amadurecerei um dia?)
Não aceito, por enquanto, o Cinema Glória,
maior, mais americano, mais isso-e-aquilo.
Quero é o derrotado Cinema Odeon,
o miúdo, fora-de-moda Cinema Odeon.
A espera na sala de espera. A matinê
com Buck Jones, tombos, tiros, tramas.
A primeira sessão e a segunda sessão da noite.
A divina orquestra, mesmo não divina,
costumeira. O jornal da Fox. William S. Hart.
As meninas-de-família na plateia.
A impossível (sonhada) bolinação,
pobre sátiro em potencial.
Exijo em nome da lei ou fora da lei
que se reabram as portas e volte o passado
musical, waldemarpissilândico, sublime agora
que para sempre submerge em funeral de sombras
neste primeiro lutulento de janeiro
de 1928.

Triste Horizonte

Por que não vais a Belo Horizonte? a saudade cicia
e continua, branda: Volta lá.
Tudo é belo e cantante na coleção de perfumes
das avenidas que levam ao amor,
nos espelhos de luz e penumbra onde se projetam
os puros jogos de viver.
Anda! Volta lá, volta já.
E eu respondo, carrancudo: Não.
Não voltarei para ver o que não merece ser visto,
o que merece ser esquecido, se revogado não
                                           [pode ser.
Não o passado cor-de-cores fantásticas,
Belo Horizonte sorrindo púbere núbil sensual
                                           [sem malícia,
lugar de ler os clássicos e amar as artes novas,
lugar muito especial pela graça do clima
e pelo gosto, que não tem preço,
de falar mal do Governo no lendário Bar do Ponto.
Cidade aberta aos estudantes do mundo inteiro,
                                           [inclusive Alagoas,
"maravilha de milhares de brilhos vidrilhos"
mariodeandrademente celebrada.
Não, Mário, Belo Horizonte não era uma tolice
                                         [como as outras.
Era uma provinciana saudável, de carnes leves
                                         [pesseguíneas.
Era um remanso muito manso
para fugir às partes agitadas do Brasil,
sorrindo do Rio de Janeiro e de São Paulo:
                                    [tão prafrentex, as duas!
e nós lá: macio-amesendados
na calma e na verde brisa irônica...

Esquecer, quero esquecer é a brutal Belo Horizonte
que se empavona sobre o corpo crucificado da
                                         [primeira.
Quero não saber da traição de seus santos.
Eles a protegiam, agora protegem-se a si mesmos.
São José, no centro mesmo da cidade,
explora estacionamento de automóveis.
São José dendroclasta não deixa de pé sequer um
                                         [pé de pau
onde amarrar o burrinho numa parada no
                                         [caminho do Egito.
São José vai entrar feio no comércio de imóveis,
vendendo seus jardins reservados a Deus.
São Pedro instala supermercado.
Nossa Senhora das Dores,
amizade da gente na Floresta,
(vi crescer sua igreja à sombra do Padre Artur)
abre caderneta de poupança,
lojas de acessórios para carros,
papelaria, aviário, pães de queijo.
Terão endoidecido esses meus santos
e a dolorida mãe de Deus?
Ou foi em nome deles que pastores
deixam de pastorear para faturar?
Não escutam a voz de Jeremias
(e é o Senhor que fala por sua boca de vergasta):
"Eu vos introduzi numa terra fértil,
e depois de lá entrardes a profanastes.
Ai dos pastores que perdem e despedaçam
o rebanho da minha pastagem!
Eis que os visitarei para castigar a esperteza de
                                         [seus desígnios."

Fujo
da ignóbil visão de tendas obstruindo as alamedas do Senhor.
Tento fugir da própria cidade, reconfortar-me
em seu austero píncaro serrano.
De lá verei uma longínqua, purificada Belo Horizonte
sem escutar o rumor dos negócios abafando a litania dos fiéis.
Lá o imenso azul desenha ainda as mensagens
de esperança nos homens pacificados — os doces mineiros
que teimam em existir no caos e no tráfico.
Em vão tento a escalada.
Cassetetes e revólveres me barram
a subida que era alegria dominical de minha gente.
Proibido escalar. Proibido sentir
o ar de liberdade destes cimos,
proibido viver a selvagem intimidade destas pedras
que se vão desfazendo em forma de dinheiro.
Esta serra tem dono. Não mais a natureza
a governa. Desfaz-se, com o minério,
uma antiga aliança, um rito da cidade.
Desiste ou leva bala. Encurralados todos,
a Serra do Curral, os moradores
cá embaixo. Jeremias me avisa:
"Foi assolada toda a serra; de improviso
derrubaram minhas tendas, abateram meus pavilhões.
Vi os montes, e eis que tremiam.
E todos os outeiros estremeciam.
Olhei para a terra, e eis que estava vazia,
sem nada nada nada."

Sossega, minha saudade. Não me cicies outra vez
o impróprio convite.
Não quero mais, não quero ver-te,
meu Triste Horizonte e destroçado amor.

O voo sobre as igrejas

Vamos até à Matriz de Antônio Dias
onde repousa, pó sem esperança, pó sem lembrança, o Aleijadinho.
Vamos subindo em procissão a lenta ladeira.
Padres e anjos, santos e bispos nos acompanham
e tornam mais rica, tornam mais grave a romaria de assombração.

Mas já não há fantasmas no dia claro,
tudo é tão simples,
tudo tão nu,
as cores e cheiros do presente são tão fortes e tão urgentes
que nem se percebem catingas e *rouges*, boduns e ouros do século 18.

Vamos subindo, vamos deixando a terra lá embaixo.
Nesta subida só serafins, só querubins fogem conosco,
de róseas faces, de nádegas róseas e rechonchudas,
empunham coroas, entoam cantos, riscam ornatos no azul autêntico.

Este mulato de gênio
lavou na pedra-sabão
todos os nossos pecados,
as nossas luxúrias todas,
e esse tropel de desejos,
essa ânsia de ir para o céu
e de pecar mais na terra;
este mulato de gênio
subiu nas asas da fama,
teve dinheiro, mulher,
escravo, comida farta,
teve também escorbuto
e morreu sem consolação.

Vamos subindo nessa viagem, vamos deixando
na torre mais alta o sino que tange, o som que se perde,
devotas de luto que batem joelhos, o sacristão que limpa os altares,
os mortos que pensam, sós, em silêncio, nas catacumbas e sacristias,
São Jorge com seu ginete,
o deus coberto de chagas, a virgem cortada de espadas,
e os passos da paixão, que jazem inertes na solidão.

    Era uma vez um Aleijadinho,
    não tinha dedo, não tinha mão,
    raiva e cinzel, lá isso tinha,
    era uma vez um Aleijadinho,
    era uma vez muitas igrejas
    com muitos paraísos e muitos infernos,
    era uma vez São João, Ouro Preto,
    Mariana, Sabará, Congonhas,
    era uma vez muitas cidades
    e o Aleijadinho era uma vez.

Ataíde

Alferes de milícias Manuel da Costa Ataíde:
eu, paisano,
bato continência
em vossa admiração.

Há dois séculos menos um dia, contados na folhinha,
batizaram-vos na Sé da Cidade Mariana,
mas isso não teria importância nenhuma
se mais tarde não houvésseis olhado ali para o teto
e reparado na pintura de Manuel Rabelo de Sousa.
O rumo fora traçado.
Pintaríeis outras tábuas de outros tetos
ou mais precisamente
romperíeis o forro para a conversação radiante com Deus.

Alferes
que em São Francisco de Assis de Vila Rica
derramais sobre nós no azul-espaço
do teatro barroco do céu
o louvor cristalino coral orquestral dos serafins
à Senhora Nossa e dos Anjos;
repórter da Fuga e da Ceia,
testemunha do Poverello,
dono da luz e do verde-veronese,
inventor de cores insabidas,
a espalhar por vinte igrejas das Minas
"uma bonita, valente e espaçosa pintura":
em vossa admiração
bato continência.

E porque
ao sairdes de vossa casinha da rua Nova nos fundos do Carmo
encontro-vos sempre caminhando
mano a mano com o mestre mais velho Antônio Francisco Lisboa
e porque viveis os dois em comum o ato da imaginação
e em comum o fixais em matéria, numa cidade após outra,
porque soubestes amá-lo, ao difícil e raro Antônio Francisco,
e manifestais a arte de dois na unidade da criação,
bato continência
em vossa admiração.

Fala de Chico-Rei

Rei,
duas vezes, Rei, Rei para sempre,
Rei africano, Rei em Vila Rica,
Rei de meu povo exilado e de sua esperança,
Rei eu sou, e este reino em meu sangue se inscreve.
Arranquei-o do fundo da mina da Encardideira,
partícula por partícula, sofrimento por sofrimento,
com paciência, com astúcia, com determinação.
Era um Reino que ansiava por seu Rei.
Tinha a cor do Sol faiscando depois de sombria
                                      [navegação,
a cor de ouro da liberdade.
Hoje formamos uma só Realeza, uma só Realidade
neste alto suave de colina mineira.
Aqui edifiquei a minha, a nossa Igreja
e coloquei-a nas mãos da virgem etíope,
nossa princesa santa e sábia: Efigênia,
sob as bênçãos da rainha Celeste do Rosário.
Meus súditos me são fiéis até o sacrifício,
por lei de fraternidade, não de medo ou tirania.
São livres e alegres depois de tanta amargura.
A alegria de meu povo explode
em charamelas, trombetas e gaitas,
rouqueiras de estrondo e júbilo,
canções e danças pelas ruas.
A alegria de meu povo esparrama-se
no trabalho, no sonho, na celebração
dos mistérios de Deus e das lutas do Homem.
Nossa pátria já não está longe nem perdida.
Nossa pátria está em nós, em solo novo e antiga certeza.
Amanhã, quem sabe? os tempos outra vez serão funestos,
nossa força cairá em cinza enxovalhada.
(Sou o Rei, e o destino da minha gente
habita, prenunciador, o meu destino.) >

Mas este momento é prenda nossa e renascerá
de nossos ossos como de si mesmo.
Em liberdade, justiça e paz,
num futuro que a vista não alcança,
homens de todo horizonte e raça extrairão de outra
                              [mina mais funda e inesgotável
o ouro eterno, gratuito, da vida.

Estampas de Vila Rica

I. CARMO

Não calques o jardim
nem assustes o pássaro.
Um e outro pertencem
aos mortos do Carmo.

Não bebas a esta fonte
nem toques nos altares.
Todas estas são prendas
dos mortos do Carmo.

Quer nos azulejos
ou no ouro da talha,
olha: o que está vivo
são mortos do Carmo.

II. SÃO FRANCISCO DE ASSIS

Senhor, não mereço isto.
Não creio em vós para vos amar.
Trouxeste-me a São Francisco
e me fazeis vosso escravo.

Não entrarei, senhor, no templo,
seu frontispício me basta.
Vossas flores e querubins
são matéria de muito amar.

Dai-me, senhor, a só beleza
destes ornatos. E não a alma.
Pressente-se dor de homem,
paralela à das cinco chagas.

Mas entro e, senhor, me perco
na rósea nave triunfal.
Por que tanto baixar o céu?
Por que esta nova cilada?

Senhor, os púlpitos mudos
entretanto me sorriem.
Mais que vossa igreja, esta
sabe a voz de me embalar.

Perdão, senhor, por não amar-vos.

III. MERCÊS DE CIMA

Pequena prostituta em frente a Mercês de Cima.
Dádiva de corpo na tarde cristã.
Anjos saídos da portada
e nenhum Aleijadinho para recolhê-los.

IV. HOTEL TOFFOLO

E vieram dizer-nos que não havia jantar.
Como se não houvesse outras fomes
e outros alimentos.

Como se a cidade não nos servisse o seu pão
de nuvens.

Não, hoteleiro, nosso repasto é interior,
e só pretendemos a mesa.
Comeríamos a mesa, se no-lo ordenassem as Escrituras.
Tudo se come, tudo se comunica,
tudo, no coração, é ceia.

V. MUSEU DA INCONFIDÊNCIA

São palavras no chão
e memória nos autos.
As casas inda restam,
os amores, mais não.

E restam poucas roupas,
sobrepeliz de pároco,
a vara de um juiz,
anjos, púrpuras, ecos.

Macia flor de olvido,
sem aroma governas
o tempo ingovernável.
Muros pranteiam. Só.

Toda história é remorso.

Tiradentes
(COM MUITA HONRA)

Bandeira de uma república visionária
branca branca branca branca
república nunca proclamada
        branca
          rubra
do sangue do único republicano
em triângulo multiângulo de membros repartidos.

Lá vem o Liberdade pela rua da Quitanda
lá vai o Liberdade, o Corta-Vento,
vai armando sua teia
que 100 anos não desfazem.
Cavaleiro boquirroto,
cavaleiro apaixonado,
com a garra da paixão
semeando rebelião:

— Despotismo
pobreza
beata ignorância
no chão de ouro das minas
riqueza mísera entre ferros.

Palavra cochichada, brasa oculta,
conversa bêbada na estalagem,
na casa de rameiras,
no varandão da fazenda,
no quarto de dormir do Coronel,
no morro-sobe-desce-toda-vida.
(Ai Minas, que mil distâncias na distância
de ti a ti, peito enfurnado.)

— Se todos fossem do meu ânimo...
Mas lá está a mão de Deus.
Pensamento-rastilho
ideia fixa
prego pregado no futuro:
        liberdade
          americana.

Semelhantes traças
nem pensar se deve.
Frioleiras
disparates
parvoíces.

Fujam deste homem que ele está doido.
O demônio o tentou para tramar escândalos
que lhe hão de custar a prateada cabeça.

Quer os frutos da terra divididos
entre mazombos pretos índios
escolas fábricas no país florente
        de livres almas
          americanas.

Solta a linguagem
dos insubmissos,
a arenga
dos desatinados
e até nas fábulas
que vai urdindo,
a louca palavra
dos verdadeiros.
Aluado
de jogar pedra,
de ser pateado
na Casa da Ópera,
de morrer na forca
morte infamante,
despedaçar-se
distribuir-se
pelos caminhos
e consciências
viver na glória.

(O perdido latim, a insensível trindade,
a desfeita esperança?
O constante lembrar.)

Lá vem, lá vai
o Corta-Vento pelas serranias
mantiqueiras.
No chão queimado
ainda retine
o tropel rosilho
de seu cavalo
enchendo o vale
o plaino, o espaço
americano.

Romaria

A Milton Campos

Os romeiros sobem a ladeira
cheia de espinhos, cheia de pedras,
sobem a ladeira que leva a Deus
e vão deixando culpas no caminho.

Os sinos tocam, chamam os romeiros:
Vinde lavar os vossos pecados.
Já estamos puros, sino, obrigados,
mas trazemos flores, prendas e rezas.

No alto do morro chega a procissão.
Um leproso de opa empunha o estandarte.
As coxas das romeiras brincam no vento.
Os homens cantam, cantam sem parar.

Jesus no lenho expira magoado.
Faz tanto calor, há tanta algazarra.
Nos olhos do santo há sangue que escorre.
Ninguém não percebe, o dia é de festa.

No adro da igreja há pinga, café,
imagens, fenômenos, baralhos, cigarros
e um sol imenso que lambuza de ouro
o pó das feridas e o pó das muletas.

Meu Bom Jesus que tudo podeis,
humildemente te peço uma graça.
Sarai-me, Senhor, e não desta lepra,
do amor que eu tenho e que ninguém me tem.

Senhor, meu amo, dai-me dinheiro,
muito dinheiro para eu comprar
aquilo que é caro mas é gostoso
e na minha terra ninguém não possui.

Jesus meu Deus pregado na cruz,
me dá coragem pra eu matar
um que me amola de dia e de noite
e diz gracinhas a minha mulher.

Jesus Jesus piedade de mim.
Ladrão eu sou mas não sou ruim não.
Por que me perseguem não posso dizer.
Não quero ser preso, Jesus ó meu santo.

Os romeiros pedem com os olhos,
pedem com a boca, pedem com as mãos.
Jesus já cansado de tanto pedido
dorme sonhando com outra humanidade.

Boitempo

Entardece na roça
de modo diferente.
A sombra vem nos cascos,
no mugido da vaca
separada da cria.
O gado é que anoitece
e na luz que a vidraça
da casa fazendeira
derrama no curral
surge multiplicada
sua estátua de sal,
escultura da noite.
Os chifres delimitam
o sono privativo
de cada rês e tecem
de curva em curva a ilha
do sono universal.
No gado é que dormimos
e nele que acordamos.
Amanhece na roça
de modo diferente.
A luz chega no leite,
morno esguicho das tetas
e o dia é um pasto azul
que o gado reconquista.

Morte das casas de Ouro Preto

Sobre o tempo, sobre a taipa,
a chuva escorre. As paredes
que viram morrer os homens,
que viram fugir o ouro,
que viram finar-se o reino,
que viram, reviram, viram,
já não veem. Também morrem.

Assim plantadas no outeiro,
menos rudes que orgulhosas
na sua pobreza branca,
azul e rosa e zarcão,
ai, pareciam eternas!
Não eram. E cai a chuva
sobre rótula e portão.

Vai-se a rótula crivando
como a renda consumida
de um vestido funerário.
E ruindo se vai a porta.
Só a chuva monorrítmica
sobre a noite, sobre a história
goteja. Morrem as casas.

Morrem, severas. É tempo
de fatigar-se a matéria
por muito servir ao homem,
e de o barro dissolver-se.
Nem parecia, na serra,
que as coisas sempre cambiam
de si, em si. Hoje, vão-se.

O chão começa a chamar
as formas estruturadas
faz tanto tempo. Convoca-as
a serem terra outra vez.
Que se incorporem as árvores
hoje vigas! Volte o pó
a ser pó pelas estradas!

A chuva desce, às canadas.
Como chove, como pinga
no país das remembranças!
Como bate, como fere,
como traspassa a medula,
como punge, como lanha
o fino dardo da chuva

mineira, sobre as colinas!
Minhas casas fustigadas,
minhas paredes zurzidas,
minhas esteiras de forro,
meus cachorros de beiral,
meus paços de telha-vã
estão úmidos e humildes.

Lá vão, enxurrada abaixo,
as velhas casas honradas
em que se amou e pariu,
em que se guardou moeda
e no frio se bebeu.
Vão no vento, na caliça,
no morcego, vão na geada,

enquanto se espalham outras
em polvorentas partículas,
sem as vermos fenecer.
Ai, como morrem as casas!
Como se deixam morrer!
E descascadas e secas,
ei-las sumindo-se no ar.

Sobre a cidade concentro
o olhar experimentado,
esse agudo olhar afiado
de quem é douto no assunto.
(Quantos perdi me ensinaram.)
Vejo a coisa pegajosa,
vai circunvoando na calma.

Não basta ver morte de homem
para conhecê-la bem.
Mil outras brotam em nós,
à nossa roda, no chão.
A morte baixou dos ermos,
gavião molhado. Seu bico
vai lavrando o paredão

e dissolvendo a cidade.
Sobre a ponte, sobre a pedra,
sobre a cambraia de Nize,
uma colcha de neblina
(já não é a chuva forte)
me conta por que mistério
o amor se banha na morte.

Ouro Preto, livre do tempo

Ouro Preto fala com a gente
de um modo novo, diferente.

Outras cidades se retraem
no ato primeiro da visita.
Depois desnudam-se, confiantes,
e seus segredos se oferecem
como café coado na hora.

Há mesmo cidades sensuais,
concentradas na espera ansiosa
de quem, macho, logo as domine.
Abrem-se as portas de tal modo
que são coxas, braços abertos.

Em Ouro Preto, redolente,
vaga um remoto estar-presente.

Há em Ouro Preto, escondida,
uma cidade além-cidade.
Não adianta correr as ruas
e pontes, morros, sacristias,
se não houver total entrega.

Entrega mansa de turista
que de ser turista se esqueça.
Entrega humílima de poeta
que renuncie ao vão discurso
de nomes-cor, palavras-éter.

A hera e a era, gravemente,
aqui se apagam, na corrente.

De nada servem manuscritos
de verdade amarelecida.
Não é lendo nem pesquisando
que se penetra a ouropretana
alma absconsa, livre do tempo.

É deixando correr as horas
e, das horas no esquecimento,
escravizar-se todo à magia
que se impregna, muda, no espaço
e no rosto imóvel das coisas.

Pois tudo aqui é simplesmente
lucilação do transcendente.

A metafísica tristeza
que rói as vestes do passado
desaparece ante a serena
sublimação de todo crime,
lance heroico e lance romântico.

Ouro Preto, a se desprender
da sua história e circunstância,
é agora ser de beleza,
completo em si, de todo imune
ao que lhe inflija o ser humano.

A ruína ameaça inutilmente
essa ideia não contingente.

Quem entende Ouro Preto sabe
o que em linguagem não se exprime
senão por alusivos códigos,
e que pousa em suas ladeiras
como o leve roçar de um pássaro.

Ouro Preto, mais que lugar
sujeito à lei de finitude,
torna-se alado pensamento
que de pedra e talha se eleva
à gozosa esfera dos anjos.

Ouro Preto bole com a gente.
É um bulir novo, diferente.

Lanterna mágica

I / BELO HORIZONTE

Meus olhos têm melancolias,
minha boca tem rugas.
Velha cidade!
As árvores tão repetidas.

Debaixo de cada árvore faço minha cama,
em cada ramo dependuro meu paletó.
Lirismo.
Pelos jardins versailles
ingenuidade de velocípedes.

E o velho fraque
na casinha de alpendre com duas janelas dolorosas.

II / SABARÁ

A Aníbal M. Machado

A dois passos da cidade importante
a cidadezinha está calada, entrevada.
(Atrás daquele morro, com vergonha do trem.)

Só as igrejas
só as torres pontudas das igrejas
não brincam de esconder.

O Rio das Velhas lambe as casas velhas,
casas encardidas onde há velhas nas janelas.
Ruas em pé
Pé de moleque
PENSÃO DE JUAQUINA AGULHA
Quem não subir direito toma vaia...
Bem feito!

Eu fico cá embaixo
maginando na ponte moderna — moderna por quê?
A água que corre
já viu o Borba.
Não a que corre,
mas a que não para nunca
de correr.

Ai tempo!
Nem é bom pensar nessas coisas mortas, muito
                                    [mortas.
Os séculos cheiram a mofo
e a história é cheia de teias de aranha.
Na água suja, barrenta, a canoa deixa um sulco
                                      [logo apagado.
Quede os bandeirantes?
O Borba sumiu,
Dona Maria Pimenta morreu.

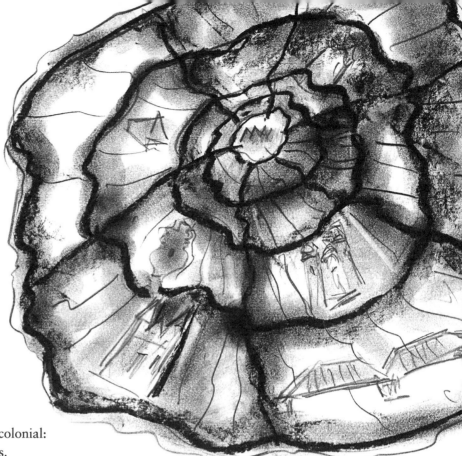

Mas tudo tudo é inexoravelmente colonial:
bancos janelas fechaduras lampiões.
O casario alastra-se na cacunda dos morros,
rebanho dócil pastoreado por igrejas:
a do Carmo — que é toda de pedra,
a Matriz — que é toda de ouro.
Sabará veste com orgulho seus andrajos...
Faz muito bem, cidade teimosa!

Nem Siderúrgica nem Central nem roda manhosa de forde
sacode a modorra de Sabará-buçu.

Pernas morenas de lavadeiras,
tão musculosas que parece foi o Aleijadinho que as esculpiu,
palpitam na água cansada.

O presente vem de mansinho
de repente dá um salto:
cartaz de cinema com fita americana.

E o trem bufando na ponte preta
é um bicho comendo as casas velhas.

III / CAETÉ

A igreja de costas para o trem.
Nuvens que são cabeças de santo.
Casas torcidas.
E a longa voz que sobe
                    que sobe do morro
que sobe...

IV / ITABIRA

Cada um de nós tem seu pedaço no pico do Cauê.
Na cidade toda de ferro
as ferraduras batem como sinos.
      Os meninos seguem para a escola.
      Os homens olham para o chão.
      Os ingleses compram a mina.

Só, na porta da venda, Tutu Caramujo cisma na derrota incomparável.

v / SÃO JOÃO DEL-REI

Quem foi que apitou?
Deixa dormir o Aleijadinho coitadinho.
Almas antigas que nem casas.
Melancolia das legendas.

As ruas cheias de mulas sem cabeça
correndo para o Rio das Mortes
e a cidade paralítica
no sol
espiando a sombra dos emboabas
no encantamento das alfaias.

Sinos começam a dobrar.

E todo me envolve
uma sensação fina e grossa.

VI / NOVA FRIBURGO

Esqueci um ramo de flores no sobretudo.

VII / RIO DE JANEIRO

Fios nervos riscos faíscas.
As cores nascem e morrem
com impudor violento.
Onde meu vermelho? Virou cinza.
Passou a boa! Peço a palavra!
Meus amigos todos estão satisfeitos
com a vida dos outros.
Fútil nas sorveterias.
Pedante nas livrarias...
Nas praias nu nu nu nu nu.
Tu tu tu tu tu no meu coração.

Mas tantos assassinatos, meu Deus.
E tantos adultérios também.
E tantos tantíssimos contos do vigário...
(Este povo quer me passar a perna.)

Meu coração vai molemente dentro do táxi.

VIII / BAHIA

É preciso fazer um poema sobre a Bahia...

Mas eu nunca fui lá.

98 • CANTO MINERAL

As namoradas mineiras

Uma namorada em cada município,
os municípios mineiros são duzentos e quinze,
mas o verdadeiro amor onde se esconderá:
em Varginha, Espinosa ou Caratinga?

Estradas de ferro distribuem a correspondência,
a esperança é verde como os telegramas,
uma carta para cada uma das namoradas
e o amor vence a divisão administrativa.

Para Teófilo Otoni o beijo vai por via aérea,
os carinhos do Sul pulam sobre a Mantiqueira,
mas as melhores, mais doces namoradas
são as de Santo Antônio do Monte e Santa Rita.

No Oeste, na Mata, no Triângulo,
no Norte de Minas há saudades e ais.
Suspiros sobem do vale do Rio Doce
e o Rio São Francisco trança mágoas.

Enquanto na Capital um homem indiferente,
frio, desdobrando mapas sobre a mesa,
põe o amor escrevendo no mimeógrafo
a mesma carta para todas as namoradas.

O francês

Emílio Rouède, esse francês errante
primeiro terrorista brasileiro:
dinamitou o túnel em Rodeio
para depor — audácia — Floriano.

Emílio? Dinamitou coisa nenhuma.
Sua dinamite era verbal.
Mas por via das dúvidas recolhe-se
à doçura dos serros de Ouro Preto
aonde não chega o braço floriano.

E começa a pintar. E pinta pinta
paisagem mineira sem cessar.
Acabando a paisagem disponível
(ou o enerva a natura pachorrenta)
Vou ali — diz Emílio — ao Mato Dentro
fundar um ginásio e dar-lhe nome
de esquecido poeta destas brenhas.

Santa Rita Durão, outro agitado
que nem Emílio, volta às Minas pátrias.
É colégio, que bom. Mas dura pouco
e lá se vai Emílio, hoje fotógrafo,
rumo a diamantes improváveis
da longe Diamantina.
Os antigos referem: Por aqui
certo francês alegre andou um dia.

E lá se vai Emílio, rumo a nada.

O Pico de Itabirito

O Pico de Itabirito
será moído e exportado,
mas ficará no infinito
seu fantasma desolado.

Com tanto minério em roda
podendo ser extraído,
a Icominas se açoda
e nem sequer presta ouvido

ao grave apelo da História
que recortou nessa imagem
um marco azul da memória
e um assombro da paisagem.

St. John del Rey Mining sai,
mais Hanna mais Icominas
e sem dizer água-vai
serram os serros de Minas,

nobres cimos altaneiros
que davam, com sobriedade,
aos de casa e a forasteiros
um curso de eternidade.

A tripla, agressiva empresa
acha que tudo se exporta
e galas da natureza
são luzes de estrela morta.

Tradição? Ora, bulufas,
ruínas, frases e ossos.
Algibeira, como estufas
de ouro feito de destroços!

Mas eis que salta o Conselho
dos homens bons da DPHAN,
no caso mete o bedelho
e na brisa da manhã

acende um sol de esperança
sobre a paisagem mineira.
(Até onde a vista alcança,
era dinamite e poeira.)

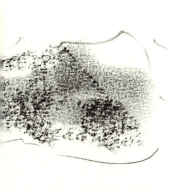

— O Pico de Itabirito,
este há de ser preservado
como presença, não mito,
de um borbulhante passado.

Conselho *dixit*. E "tombando"
a rocha, mais rocha agora,
demonstra-nos como, quando,
com peito, uma lei vigora.

St. John, Hanna e Ico, murchos,
detêm-se para pensar.
Queimaram-se os seus cartuchos
Ou resta um jeitinho no ar?

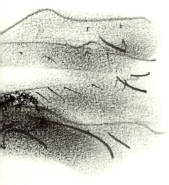

— Vamos chorar nossas mágoas
e, reforçando o lamento,
arar em sabidas águas:
Ação, desenvolvimento!

Tudo exportar bem depressa,
suando as rotas camisas.
Ficam buracos? Ora essa,
o que vale são divisas

que tapem outros "buracos"
do Tesouro Nacional,
deixando em redor os cacos
de um país colonial.

Escorre o tempo. E, à cantiga
dessa viola afinada,
já ninguém mais lembra a antiga
voz do Conselho, nem nada.

E vem de cima um despacho
autorizando: Derruba!
Role tudo, de alto a baixo,
como, ao vento, uma embaúba!

E o Pico de Itabirito
será moído, exportado.
Só quedará, no infinito,
seu fantasma desolado.

16/06/1965

A casa de Helena

Russa translúcida de sorriso tímido
(assim a contemplo na retrovisão da lembrança),
Helena 1929 enfrenta os poderes burocráticos.
Suavemente,
instaura em Minas o seu sonho-reflexão.

Moças normalistas rodeiam Helena.
Traz um sinal novo para gente nova.
Ensina
a ver diferente a criança,
a descobrir na criança
uma luz recoberta por cinzas e costumes,
e nas mais carentes e solitárias revela
o princípio de vida ansioso de sol.

Helena é talvez uma fada eslava
que estudou psicologia
para não fazer encantamentos; só para viajar
o território da infância e ir mapeando
suas ilhas, cavernas, florestas labirínticas,
de onde, na escuridão, desfere o pássaro
— surpresa —
melodia jamais ouvida antes.

Helena reúne
os que não se conformam com a vida estagnada
e os mandamentos da educação de mármore.
Leva com eles para o campo
uma ideia-sentimento
que faz liga com as árvores
as águas
os ventos
os animais
o espaço ilimitado de esperança.

Fazenda do Rosário: a fazendeira
alma de Minas se renova
em graça e amor, sem juros,
amor ciente de seus fins
de liberdade e criação.
E essa pastora magra, quase um sopro,
uma folha talvez (ou uma centelha
que não se apaga nunca?) vai pensando
outras formas de abrir, no chão pedrento,
o caminho de paz para o futuro.

Helena sonha o mundo de amanhã,
recuado sempre, mas factível
e em mínimas sementes concentrado:
estes garotos pensativos,
esse outro ali, inquieto, a modelar
engenharias espaciais com mão canhota,
aquele mais além, que se revolta
procurando a si mesmo, e não se encontra
no quadro bitolado dos contentes.
Viajantes sem pouso
no albergue corriqueiro,
Helena os chama e diz: Vou ajudá-los.

Não presidente, não ministro,
aos 80 anos dirige um mundo-em-ser.
A casa de Helena é a casa de daqui a 20 anos,
de daqui a 50, ao incontável.
Casa pousada em nós, em nosso sangue.
Podemos torná-la real: o risco de Helena
fica estampado na consciência.
E quando Helena 1974 se cala
na aparência mortal,
seu risco viçoso e alegre e delicado perdura,
lição de Helena Antipoff mineira universal.

Patrimônio

Duas riquezas: Minas
e o vocábulo.

Ir de uma a outra, recolhendo
o fubá, o ferro, o substantivo, o som.

Numa, descansar de outra. Palavras
assumem código mineral.
Minérios musicalizam-se em vogais.
Pastor sentir-se: reses encantadas.

Colóquio das estátuas

Sobre o vale profundo, onde flui o Rio Maranhão, sobre os campos de congonha, sobre a fita da estrada de ferro, na paz das minas exauridas, conversam entre si os profetas.

Aí onde os pôs a mão genial de Antônio Francisco, em perfeita comunhão com o adro, o santuário, a paisagem toda — magníficos, terríveis, graves e eternos —, eles falam de coisas do mundo que, na linguagem das Escrituras, se vão transformando em símbolo.

As barbas barrocas de uns, panejadas pelo vento que corre as gerais, lembram serpentes vingativas, a se enovelarem; no rosto glabro de outros, a sabedoria ganha nova majestade; e os doze, em assembleia meditativa, robustos, não obstante a fragilidade do saponito em que se moldaram e que os devotos vão cobiçosamente lanhando — os doze consideram o estado dos negócios do homem, a turbação crescente das almas, e reprovam, e advertem.

— Uma brasa foi colada a meus lábios por um serafim — diz Isaías, ao pé da grade.

E Jeremias, cavado de angústias, desola-se:

— Pois eu choro a derrota da Judeia, e a ruína de Jerusalém... Esse choro, através dos séculos, vem escorrer nos dias de hoje, e não cessa nem mesmo quando Israel volta a reunir seus membros esparsos, pois só outra Jerusalém, a celeste, não se corrompe nem se arruína.

*

Na sua intemporalidade, são sempre atuais os profetas. Em qualquer tempo, em qualquer situação da história, há que recolher-lhes a lição:

— Eu explico à Judeia o mal que trarão à terra a lagarta, o gafanhoto, o bruco e a alforra — é Joel quem fala.

Ao passo que Habacuc, braço esquerdo levantado, investe contra os tiranos e os dissolutos:

— A ti, Babilônia, te acuso, e a ti, ó tirano caldeu...

Numa visão apocalíptica, Ezequiel descreve "os quatro animais no meio das chamas e as horríveis rodas, e o trono etéreo". Oseias dá uma lição de doçura, mandando que se receba a mulher adúltera, e dela se hajam novos filhos. Mas Naum, o pessimista, não crê na reconversão de valores caducos:

— Toda a Assíria deve ser destruída — digo eu.

Contudo, há esperança, mesmo para os que forem atirados à jaula dos leões — conta-nos Daniel (e em numerosas partes do mundo eles continuam a ser atirados; apenas os leões se disfarçam); esperança mesmo para os que, por três noites, habitarem o ventre de uma baleia — é a experiência de Jonas, a caminho de Nínive.

*

Assim confabulam, os profetas, numa reunião fantástica, batida pelos ares de Minas. Onde mais poderíamos conceber reunião igual, senão em terra mineira, que é o paradoxo mesmo, tão mística que transforma em alfaias e púlpitos e genuflexórios a febre grosseira do diamante, do ouro e das pedras de cor? No seio de uma gente que está ilhada entre cones de hematita, e contudo mantém com o Universo uma larga e filosófica intercomunicação, preocupando-se, como nenhuma outra, com as dores do mundo, no desejo de interpretá-las e leni-las? Um povo que é pastoril e sábio, amante das virtudes simples, da misericórdia, da liberdade — um povo sempre contra os tiranos, e levando o sentimento do bom e do justo a uma espécie de loucura organizada, explosiva e contagiosa, como o revelam suas revoluções liberais?

*

São mineiros esses profetas. Mineiros na patética e concentrada postura em que os armou o mineiro Aleijadinho; mineiros na visão ampla da terra, seus males, guerras, crimes, tristezas e anelos; mineiros no julgar friamente e no curar com bálsamo; no pessimismo; na iluminação íntima; sim, mineiros de há cento e cinquenta anos e de agora, taciturnos, crepusculares, messiânicos e melancólicos.

A montanha pulverizada

Chego à sacada e vejo a minha serra,
a serra de meu pai e meu avô,
de todos os Andrades que passaram
e passarão, a serra que não passa.

Era coisa dos índios e a tomamos
para enfeitar e presidir a vida
neste vale soturno onde a riqueza
maior é sua vista e contemplá-la.

De longe nos revela o perfil grave.
A cada volta de caminho aponta
uma forma de ser, em ferro, eterna,
e sopra eternidade na fluência.

Esta manhã acordo e
não a encontro.
Britada em bilhões de lascas
deslizando em correia transportadora
entupindo 150 vagões
no trem-monstro de cinco locomotivas
— o trem maior do mundo, tomem nota —
foge minha serra, vai
deixando no meu corpo e na paisagem
mísero pó de ferro, e este não passa.

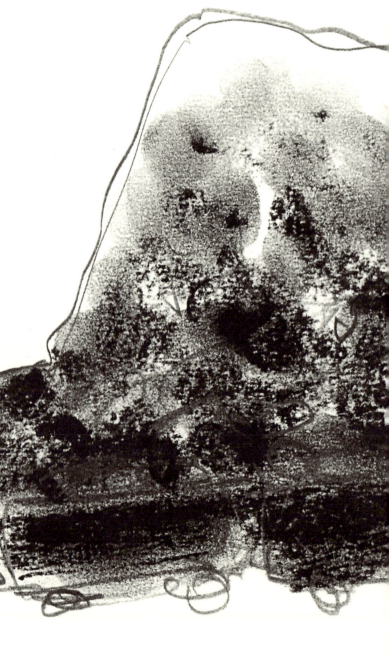

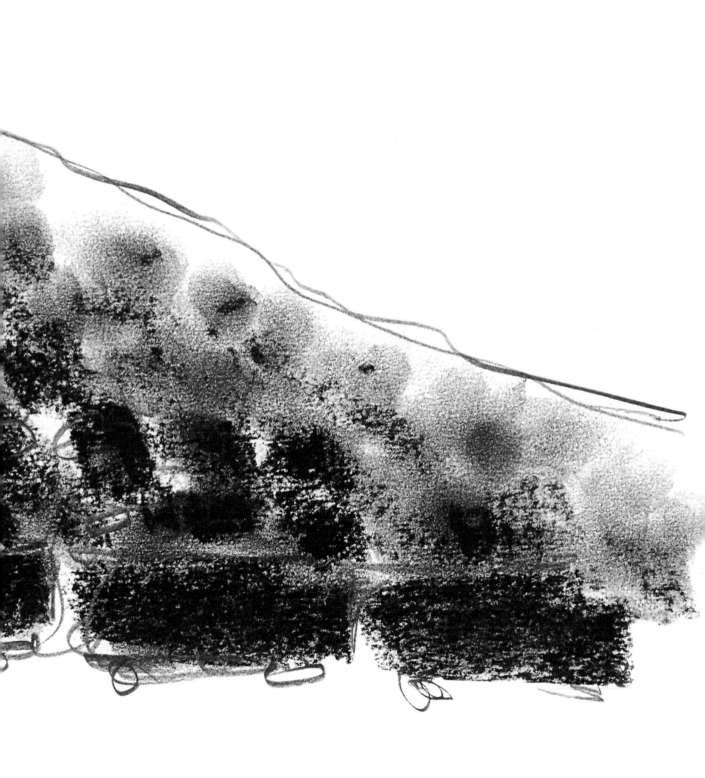

O maior trem do mundo

O maior trem do mundo
leva minha terra
para a Alemanha
leva minha terra
para o Canadá
leva minha terra
para o Japão.

O maior trem do mundo
puxado por cinco locomotivas a óleo diesel
engatadas geminadas desembestadas
leva meu tempo, minha infância, minha vida
triturada em 163 vagões de minério e destruição.

O maior trem do mundo
transporta a coisa mínima do mundo,
meu coração itabirano.

Lá vai o trem maior do mundo
vai serpenteando vai sumindo
e um dia, eu sei, não voltará

pois nem terra nem coração existem mais.

A palavra Minas

Minas é uma palavra montanhosa.
— Madu

Minas não é palavra montanhosa.
É palavra abissal. Minas é dentro
e fundo.

As montanhas escondem o que é Minas.
No alto mais celeste, subterrânea,
é galeria vertical varando o ferro
para chegar ninguém sabe onde.

Ninguém sabe Minas. A pedra
o buriti
a carranca
o nevoeiro
o raio
selam a verdade primeira, sepultada
em eras geológicas de sonho.

Só mineiros sabem. E não dizem
nem a si mesmos o irrevelável segredo
chamado Minas.

Canto mineral

Minas Gerais
minerais
minas de Minas
demais,
de menos?
minas exploradas
no duplo, no múltiplo
sem-sentido,
minas esgotadas
a suor e ais,
minas de mil
e uma noites presas
do fisco, do fausto,
da farra; do fim.

Minas de três séculos
mal digeridos
ainda minando
mineralgias míticas.
O ouro desfalece:
Minas na mira
do erário real.
O diamante esmaece
Minas na surdina
da seresta exausta.
O ferro empalidece:
Minas na ruína
de simplórios donos
de roças mal lavradas.

Minas orgulhosa
de tanta riqueza,
endividada
de tanta grandeza
no baú delida.
Cada um de nós, rei
na sua fazenda,
cada pé de milho
erguia o pendão
de nossa realeza,
cada boi-de-coice
calcava o tesouro
da terra indefesa
negociada
com a maior fineza.

(Ai, que me arrependo
— me perdoa, Minas —
de ter vendido
na bacia das almas
meu lençol de hematita
ao louro da estranja
e de ter construído
filosoficamente
meu castelo urbano
sobre a jazida
de sonhos minérios.
Me arrependo e vendo.)

Minas, oi Minas,
tua estranha sina
delineada
ao bailar dos sinos
ao balir dos hinos
de festins políticos,
Minas mineiral
Minas musical
Minas pastorela
Minas Tiradentes
Minas liberal
Minas cidadela
Minas torturada
Minas surreal
Minas coronela
Minas tal e qual
a pedra-enigma
no labirinto da mina.

Do ferro líquido da forja
do Barão de Eschwege
resta a ficha histórica.
Do rude Cauê,
a TNT aplainado,
resta o postal
na gaveta saudosista,
enquanto milhares
milhafres
de vagões vorazes
levam para longe
a pedra azul guardada
para tua torre
para teu império
postergado sempre.

E as esmeraldas,
Minas, que matavam
de esperança e febre
e nunca se achavam
e quando se achavam
eram verde engano?
Minas sub-reptícia
tarde defendida
de áureas cobiças
pelo astuto jogo
do pensar oculto,
do dizer ambíguo,
do nevoento pairar
de flocos de sigilo
no manifesto anil
sobre serranares.

Minas, nos ares,
Minas que te quero
Minas que te perco
e torno a ganhar-te
com seres metal >

diluído em genes,
com seres aço
de minha couraça,
Minas que me feres
com pontiagudas
lascas de minério
e laminados de ironia,
vês?
No coração do manganês
pousa uma escritura
de hipoteca e usura
e o banco solerte
praticando a arte
do cifrão mais forte.

Minas
teimoso lume aceso
mesmo sob cinza,
Minas Acesita
Minas Usiminas
Minas Ipatinga
Minas felina
a custo ensaiando
o salto da serra >

bem alto,
o romper de algemas
mais férreas que o ferro,
no rumo certeiro
do Intendente Câmara,
Minas que te miro
desprezando os prazos
de imemoriais atrasos,
de leve batendo à porta
da era espacial,
Minas tório urânio
Minas esperança
Minas detetando
o sinal
sob a tibieza dos homens
e o parangolé da retórica,
Minas mineiralmente
geral Gerais
auriminas
turmaliniminas
diamantiniminas
muito abaixo da mais uterina
mina recôndita
luzindo
o cristalino
abafado
espírito de Minas.

Prece de mineiro no Rio

Espírito de Minas, me visita,
e sobre a confusão desta cidade
onde voz e buzina se confundem,
lança teu claro raio ordenador.
Conserva em mim ao menos a metade
do que fui na nascença e a vida esgarça:
não quero ser um móvel num imóvel,
quero firme e discreto o meu amor,
meu gesto seja sempre natural,
mesmo brusco ou pesado, e só me punja
a saudade da pátria imaginária.
Essa mesma, não muito. Balançando
entre o real e o irreal, quero viver
como é de tua essência e nos segredas,
capaz de dedicar-me em corpo e alma,
sem apego servil ainda o mais brando.
Por vezes, emudeces. Não te sinto
a soprar da azulada serrania
onde galopam sombras e memórias
de gente que, de humilde, era orgulhosa
e fazia da crosta mineral
um solo humano em seu despojamento.
Outras vezes te invocam, mas negando-te,
como se colhe e se espezinha a rosa.
Os que zombam de ti não te conhecem
na força com que, esquivo, te retrais
e mais límpido quedas, como ausente,
quanto mais te penetra a realidade.
Desprendido de imagens que se rompem
a um capricho dos deuses, tu regressas
ao que, fora do tempo, é tempo infindo,
no secreto semblante da verdade.
Espírito mineiro, circunspecto
talvez, mas encerrando uma partícula
de fogo embriagador, que lavra súbito,
e, se cabe, a ser doidos nos inclinas: >

não me fujas no Rio de Janeiro,
como a nuvem se afasta e a ave se alonga,
mas abre um portulano ante meus olhos
que a teu profundo mar conduza, Minas,
Minas além do som, Minas Gerais.

Viagem na família

A Rodrigo M. F. de Andrade

No deserto de Itabira
a sombra de meu pai
tomou-me pela mão.
Tanto tempo perdido.
Porém nada dizia.
Não era dia nem noite.
Suspiro? Voo de pássaro?
Porém nada dizia.

Longamente caminhamos.
Aqui havia uma casa.
A montanha era maior.
Tantos mortos amontoados,
o tempo roendo os mortos.
E nas casas em ruína,
desprezo frio, umidade.
Porém nada dizia.

A rua que atravessava
a cavalo, de galope.
Seu relógio. Sua roupa.
Seus papéis de circunstância.
Suas histórias de amor.
Há um abrir de baús
e de lembranças violentas.
Porém nada dizia.

No deserto de Itabira
as coisas voltam a existir,
irrespiráveis e súbitas.
O mercado de desejos
expõe seus tristes tesouros;
meu anseio de fugir;
mulheres nuas; remorso.
Porém nada dizia.

Pisando livros e cartas,
viajamos na família.
Casamentos; hipotecas;
os primos tuberculosos;
a tia louca; minha avó
traída com as escravas,
rangendo sedas na alcova.
Porém nada dizia.

Que cruel, obscuro instinto
movia sua mão pálida
sutilmente nos empurrando
pelo tempo e pelos lugares
defendidos?

Olhei-o nos olhos brancos.
Gritei-lhe: Fala! Minha voz
vibrou no ar um momento,
bateu nas pedras. A sombra
prosseguia devagar
aquela viagem patética
através do reino perdido.
Porém nada dizia.

Vi mágoa, incompreensão
e mais de uma velha revolta
a dividir-nos no escuro.
A mão que eu não quis beijar,
o prato que me negaram,
recusa em pedir perdão.
Orgulho. Terror noturno.
Porém nada dizia.

Fala fala fala fala.
Puxava pelo casaco
que se desfazia em barro.
Pelas mãos, pelas botinas
prendia a sombra severa
e a sombra se desprendia
sem fuga nem reação.
Porém ficava calada.

E eram distintos silêncios
que se entranhavam no seu.
Era meu avô já surdo
querendo escutar as aves
pintadas no céu da igreja;
a minha falta de amigos;
a sua falta de beijos;
eram nossas difíceis vidas
e uma grande separação
na pequena área do quarto.

A pequena área da vida
me aperta contra o seu vulto,
e nesse abraço diáfano
é como se eu me queimasse
todo, de pungente amor.
Só hoje nos conhecermos!
Óculos, memórias, retratos
fluem no rio do sangue.
As águas já não permitem
distinguir seu rosto longe,
para lá de setenta anos...

Senti que me perdoava
porém nada dizia.

As águas cobrem o bigode,
a família, Itabira, tudo.

A máquina do mundo

E como eu palmilhasse vagamente
uma estrada de Minas, pedregosa,
e no fecho da tarde um sino rouco

se misturasse ao som de meus sapatos
que era pausado e seco; e aves pairassem
no céu de chumbo, e suas formas pretas

lentamente se fossem diluindo
na escuridão maior, vinda dos montes
e de meu próprio ser desenganado,

a máquina do mundo se entreabriu
para quem de a romper já se esquivava
e só de o ter pensado se carpia.

Abriu-se majestosa e circunspecta,
sem emitir um som que fosse impuro
nem um clarão maior que o tolerável

pelas pupilas gastas na inspeção
contínua e dolorosa do deserto,
e pela mente exausta de mentar

toda uma realidade que transcende
a própria imagem sua debuxada
no rosto do mistério, nos abismos.

Abriu-se em calma pura, e convidando
quantos sentidos e intuições restavam
a quem de os ter usado os já perdera

e nem desejaria recobrá-los,
se em vão e para sempre repetimos
os mesmos sem roteiro tristes périplos,

convidando-os a todos, em coorte,
a se aplicarem sobre o pasto inédito
da natureza mítica das coisas,

assim me disse, embora voz alguma
ou sopro ou eco ou simples percussão
atestasse que alguém, sobre a montanha,

a outro alguém, noturno e miserável,
em colóquio se estava dirigindo:
"O que procuraste em ti ou fora de

teu ser restrito e nunca se mostrou,
mesmo afetando dar-se ou se rendendo,
e a cada instante mais se retraindo,

olha, repara, ausculta: essa riqueza
sobrante a toda pérola, essa ciência
sublime e formidável, mas hermética,

essa total explicação da vida,
esse nexo primeiro e singular
que nem concebes mais, pois tão esquivo

se revelou ante a pesquisa ardente
em que te consumiste... vê, contempla,
abre teu peito para agasalhá-lo."

As mais soberbas pontes e edifícios,
o que nas oficinas se elabora,
o que pensado foi e logo atinge

distância superior ao pensamento,
os recursos da terra dominados,
e as paixões e os impulsos e os tormentos

e tudo que define o ser terrestre
ou se prolonga até nos animais
e chega às plantas para se embeber

no sono rancoroso dos minérios,
dá volta ao mundo e torna a se engolfar
na estranha ordem geométrica de tudo,

e o absurdo original e seus enigmas,
suas verdades altas mais que tantos
monumentos erguidos à verdade;

e a memória dos deuses, e o solene
sentimento de morte, que floresce
no caule da existência mais gloriosa,

tudo se apresentou nesse relance
e me chamou para seu reino augusto,
afinal submetido à vista humana.

Mas, como eu relutasse em responder
a tal apelo assim maravilhoso,
pois a fé se abrandara, e mesmo o
                       [anseio,

a esperança mais mínima — esse anelo
de ver desvanecida a treva espessa
que entre os raios do sol inda se filtra;

como defuntas crenças convocadas
presto e fremente não se produzissem
a de novo tingir a neutra face

que vou pelos caminhos demonstrando,
e como se outro ser, não mais aquele
habitante de mim há tantos anos,

passasse a comandar minha vontade
que, já de si volúvel, se cerrava
semelhante a essas flores reticentes

em si mesmas abertas e fechadas;
como se um dom tardio já não fora
apetecível, antes despiciendo,

baixei os olhos, incurioso, lasso,
desdenhando colher a coisa oferta
que se abria gratuita a meu engenho.

A treva mais estrita já pousara
sobre a estrada de Minas, pedregosa,
e a máquina do mundo, repelida,

se foi miudamente recompondo,
enquanto eu, avaliando o que perdera,
seguia vagaroso, de mãos pensas.

Canção de Itabira

A Zoraida Diniz

Mesmo a essa altura do tempo,
um tempo que já se estira,
continua em mim ressoando
uma canção de Itabira.

Ouvi-a na voz materna
que de noite me embalava,
ecoando ainda no sono,
sem que faltasse uma oitava.

No bambuzal bem no extremo
da casa de minha infância,
parecia que o som vinha
da mais distante distância.

No sino maior da igreja,
a dez passos do sobrado,
a infiltrada melodia
emoldurava o passado.

Por entre as pedras da Penha,
os lábios das lavadeiras
o mesmo verso entoavam
ao longo da tarde inteira.

Pelos caminhos em torno
da cidade, a qualquer hora,
ciciava cada coqueiro
essa música de outrora.

Subindo ao alto da serra
(serra que hoje é lembrança),
na ventania chegava-me
essa canção de bonança.

Canção que este nome encerra
e em volta do nome gira.
Mesmo o silêncio a repete,
doce canção de Itabira.

Noturno mineiro

Cabe pois num vagão
toda a nossa viagem.
Mas é cinza e carvão
amor, e sua imagem.

Eis que range nos trilhos
uma forma de adeus.
Os cuidados são filhos
da tristeza de um deus.

Entre as rosas do carro
ouço a terra que chama.
A nós, seres de barro,
mais fina é sua gama.

Ó trem, fuga no espaço,
chama, canto, galera!
Os mil poderes do aço,
para mim os quisera.

Monstro azul e cativo,
nossa pressa nostálgica,
faz de ti um ser vivo,
errante flauta mágica...

América

Sou apenas um homem.
Um homem pequenino à beira de um rio.
Vejo as águas que passam e não as compreendo.
Sei apenas que é noite porque me chamam de casa.
Vi que amanheceu porque os galos cantaram.
Como poderia compreender-te, América?
É muito difícil.

Passo a mão na cabeça que vai embranquecer.
O rosto denuncia certa experiência.
A mão escreveu tanto, e não sabe contar!
A boca também não sabe.
Os olhos sabem — e calam-se.
Ai, América, só suspirando.
Suspiro brando, que pelos ares vai se exalando.

Lembro alguns homens que me acompanhavam e
            [hoje não acompanham.
Inútil chamá-los: o vento, as doenças, o simples
            [tempo
dispersaram esses velhos amigos em pequenos
            [cemitérios do interior,
por trás de cordilheiras ou dentro do mar.
Eles me ajudariam, América, neste momento
de tímida conversa de amor.

Ah, por que tocar em cordilheiras e oceanos!
Sou tão pequeno (sou apenas um homem)
e verdadeiramente só conheço minha terra natal,
dois ou três bois, o caminho da roça,
alguns versos que li há tempos, alguns rostos que
            [contemplei.
Nada conto do ar e da água, do mineral e da folha,
ignoro profundamente a natureza humana
e acho que não devia falar nessas coisas.

Uma rua começa em Itabira, que vai dar no meu
            [coração.
Nessa rua passam meus pais, meus tios, a preta que
            [me criou.
Passa também uma escola — o mapa —, o mundo
            [de todas as cores.
Sei que há países roxos, ilhas brancas,
            [promontórios azuis.
A terra é mais colorida do que redonda, os nomes
            [gravam-se
em amarelo, em vermelho, em preto, no fundo
            [cinza da infância.
América, muitas vezes viajei nas tuas tintas.
Sempre me perdia, não era fácil voltar.
O navio estava na sala.
Como rodava!

As cores foram murchando, ficou apenas o tom
            [escuro, no mundo escuro.
Uma rua começa em Itabira, que vai dar em
            [qualquer ponto da Terra.
Nessa rua passam chineses, índios, negros,
            [mexicanos, turcos, uruguaios.
Seus passos urgentes ressoam na pedra,
ressoam em mim.
Pisado por todos, como sorrir, pedir que sejam
            [felizes?

Sou apenas uma rua
na cidadezinha de Minas,
humilde caminho da América.

Ainda bem que a noite baixou: é mais simples conversar à noite.
Muitas palavras já nem precisam ser ditas.
Há o indistinto mover de lábios no galpão, há sobretudo silêncio,
certo cheiro de erva, menos dureza nas coisas,
violas sobem até à lua, e elas cantam melhor do que eu.

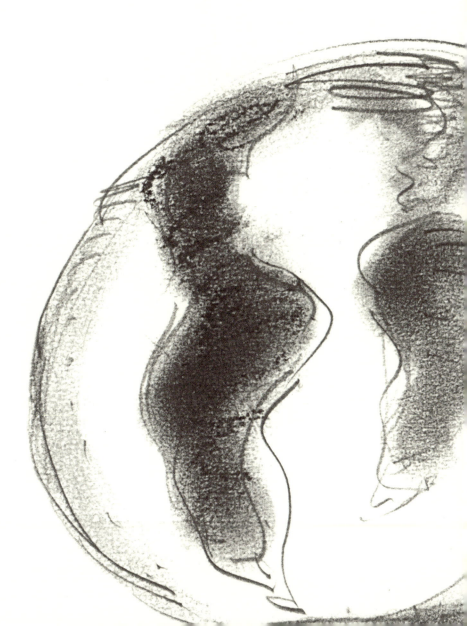

Canta uma canção
de viola ou banjo,
dentes cerrados,
alma entreaberta,
descanta a memória
do tempo mais fundo
quando não havia
nem casa nem rês
e tudo era rio,
era cobra e onça,
não havia lanterna
e nem diamante,
não havia nada.
Só o primeiro cão,
em frente do homem
cheirando o futuro.
Os dois se reparam,
se julgam, se pesam,
e o carinho mudo
corta a solidão.
Canta uma canção
no ermo continente,
baixo, não te exaltes.
Olha ao pé do fogo
homens agachados
esperando comida.
Como a barba cresce,
como as mãos são duras,
negras de cansaço.
Canta a estela maia,
reza ao deus do milho,
mergulha no sonho
anterior às artes,
quando a forma hesita
em consubstanciar-se.
Canta os elementos >

em busca de forma.
Entretanto a vida
elege semblante.
Olha: uma cidade.
Quem a viu nascer?
O sono dos homens
após tanto esforço
tem frio de morte.
Não vás acordá-los,
se é que estão dormindo.

Tantas cidades no mapa... Nenhuma, porém, tem mil anos.
E as mais novas, que pena: nem sempre são as mais lindas.
Como fazer uma cidade? Com que elementos tecê-la? Quantos fogos terá?
Nunca se sabe, as cidades crescem,
mergulham no campo, tornam a aparecer.
O ouro as forma e dissolve; restam navetas de ouro.
Ver tudo isso do alto: a ponte onde passam soldados
(que vão esmagar a última revolução);
o pouso onde trocar de animal; a cruz marcando o encontro dos valentes;
a pequena fábrica de chapéus; a professora que tinha sardas...
Esses pedaços de ti, América, partiram-se na minha mão.
A criança espantada
não sabe juntá-los.

Contaram-me que também há desertos.
E plantas tristes, animais confusos ainda não completamente determinados.
Certos homens vão de país em país procurando um metal raro ou distribuindo palavras.
Certas mulheres são tão desesperadamente formosas que é impossível não comer-lhes
                              [os retratos e não proclamá-las demônios.

Há vozes no rádio e no interior das árvores,
cabogramas, vitrolas e tiros.
Que barulho na noite,
que solidão!

Esta solidão da América... Ermo e cidade grande se espreitando.
Vozes do tempo colonial irrompem nas modernas canções,
e o barranqueiro do Rio São Francisco
— esse homem silencioso, na última luz da tarde,
junto à cabeça majestosa do cavalo de proa imobilizado
contempla num pedaço de jornal a iara vulcânica da Broadway.
O sentimento da mata e da ilha
perdura em meus filhos que ainda não amanheceram de todo
e têm medo da noite, do espaço e da morte.
Solidão de milhões de corpos nas casas, nas minas, no ar.
Mas de cada peito nasce um vacilante, pálido amor,
procura desajeitada de mão, desejo de ajudar,
carta posta no correio, sono que custa a chegar
porque na cadeira elétrica um homem (que não conhecemos) morreu.

Portanto, é possível distribuir minha solidão, torná-la meio de conhecimento.
Portanto, solidão é palavra de amor.
Não é mais um crime, um vício, o desencanto das coisas.
Ela fixa no tempo a memória
ou o pressentimento ou a ânsia
de outros homens que a pé, a cavalo, de avião ou barco, percorrem teus caminhos, América.

Esses homens estão silenciosos mas sorriem de tanto sofrimento dominado.
Sou apenas o sorriso
na face de um homem calado.

Canto mineral a duas vozes

Angelo Oswaldo de Araújo Santos

O escrivão Pero Vaz de Caminha anota, na carta magna do achamento do Brasil, que a terra, "pelo sertão nos pareceu, vista do mar, muito grande, porque, a estender olhos, não podíamos ver senão terra e árvores". E informa: "Até agora, não pudemos saber se há ouro ou prata." Já no primeiro instante, e certamente desde os pinheirais de Leiria e os estudos náuticos de Sagres, os portugueses sonharam com os metais preciosos para além do Mar Oceano. Os espanhóis logo foram levados ao delírio da fortuna, na outra extremidade do Novo Mundo. Tardou, no entanto, a descoberta do eldorado na Terra dos Papagaios, a Pindorama transformada em Brasil, sob as bênçãos da Santa Cruz.

Foi somente na segunda metade do século XVII, após a restauração da soberania de Portugal, que as expedições em busca dos tesouros lograram êxito. Dom João IV pediu aos paulistas que não mais demorassem a chegar às minas, a fim de que se afastasse qualquer possibilidade de novo domínio espanhol. Fernão Dias Paes saiu de São Paulo em 1674, dobrou a Mantiqueira e conseguiu varar os sertões desconhecidos, ao tempo em que seu genro, Manuel Borba Gato, encontrou o ouro da Itaberaba-açu e fundou o arraial de Sabará.

De imediato, milhares de portugueses e paulistas, fluminenses, baianos e pernambucanos acorreram ao território das Minas, tantas que se diziam as Minas Gerais. Rapidamente, com o florescimento dos incontáveis arraiais, erigiram-se quatorze vilas, e a sociedade mineradora, sob o primado da cultura urbana, particularizou-se pelas profusas manifestações de sabor barroco, tanto nas artes quanto em seu estilo de vida. "Entre os traços mais altos e requintados dessa esplêndida civilização mineira, perdida a centenas de quilômetros do litoral, estavam a qualidade e a abundância da sua vida intelectual", resumiu Afonso Arinos de Melo Franco.

A opulência do século XVIII, ostentada na pompa das igrejas e de seus ritos, seguiu-se de melancólico e angustiante declínio. O subsolo da áurea Capitania ficou, porém, impregnado dos resíduos dramáticos do barroco, dos devaneios do rococó e das inquietações que convulsionaram o século do Iluminismo, da independência norte-americana, da Revolução Francesa e da Inconfidência Mineira. "Tudo nas Minas é antinômico, antagônico, contraditório, binário. Tudo, porém, conflui para sínteses perfeitas", afirmou Sylvio de Vasconcellos. E enfatizou essa vocação de Minas, ao recorrer ao texto do historiador de arte francês Germain Bazin: "Estabelecendo uma relação direta entre o norte e o sul do país, que até então não se comunicavam senão por intermédio da Metrópole, cimenta-lhe a unidade." Minas Gerais engendrou uma "somatória das características nacionais, traduzindo-as em esquemas simples, escoimados de superficialidades. Cria, assim, a autenticidade brasileira", aduziu Vasconcellos.

De uma nova mineração, praticada nas profundezas de Minas, advém o Canto Mineral que aqui ressoa. A poesia é lavra da palavra. Minas, um estado de espírito. Enigma, terra de mistério, mais abissal que montanhosa. Sesmaria sem fronteiras no território itabirano. A mineralidade é matéria que se confunde com Drummond, "triste, orgulhoso: de ferro". Mineiridade, carisma consubstancial ao poeta. Mineirice pode ser um olhar de soslaio, o silêncio por trás dos óculos, a voz metálica ecoando no recanto a mineirança, mas mineiridade é dimensão ontológica, que carece do verso de um Drummond para se tentar entender. Aires da Mata Machado Filho disse que o termo, "se não o cunhou Gilberto Freyre, certo lhe conferiu prestígio inaugural" na conferência "Ordem, liberdade, mineiridade", lida em 1946, na Faculdade de Direito de Belo Horizonte. O próprio Aires, em 1937, empregara-o para "a necessária denominação de um complexo de psicologia social".[1]

Canto dos quatro cantos, de Virgílio a Camões. Canto que emerge do chão. Canto *jondo* de Lorca, *Canto geral* de Neruda, canto *a palo seco* de Cabral, *Canto a mim mesmo* de Whitman. Canto a Minas de mim, canto mineral de Carlos Drummond de Andrade.

Não o afastou a partida. O espírito de Minas acompanhou-o na confusão da selva escura e alimentou seu canto. No clímax de seu drama, José, alter ego do poeta, constata que "Minas não há mais". Minas a mais? Minas, amais! A máquina do mundo se fez máquina do tempo e ciciou-lhe histórias idas e vividas nos altos cumes do Cauê, agora nuvens. O poeta penetra nas minas e canta suas penhas e penas prenhes de prantos.

Muitos são os autores que se ocuparam do espírito de Minas, na tentativa de desvendamento de suas emanações. Alceu Amoroso Lima apurou a audição para captar a voz de Minas, que ecoa em cada página de seu famoso ensaio. Afonso Arinos de Melo Franco retraçou

1. Aires da Mata Machado Filho, "Introdução", in Sylvio de Vasconcellos, *Mineiridade, ensaio de caracterização*. São Paulo: Abril Cultural/Fiat Automóveis, 1981.

a formação intelectual da sociedade mineradora a fim de pontuar os fundamentos da mineiridade, entre montanhas e chapadões, espantos e inconfidências.[2] Aires da Mata Machado Filho estudou o negro e o garimpo. João Camilo de Oliveira Torres analisou o mineiro e as particularidades sociológicas,[3] enquanto Sylvio de Vasconcellos traduziu as características legadas pelo barroco na condição da gente montanhesa.[4] Oliveira Viana e Nelson de Sena deixaram contribuição significativa.[5] Affonso Ávila foi aos alfarrábios setecentistas enfrentar os códigos e reinventar a poesia com as chaves do enigma.

Pedro Nava fez poesia da memória. Transformou a narrativa pessoal em painel historiográfico, e este em *recherche* monumental, fechando, de forma extraordinária, o ciclo modernista da literatura brasileira. Valeu-se das pernas de pau usadas por Marcel Proust, no remate do tempo recuperado, para subir o Caminho Novo das Minas dos Matos Gerais, das margens do Paraibuna ao belo horizonte suspenso pela Serra do Curral del Rey, perlustrando a saga histórica pelo avesso do avesso. O "*petit Marcel*" se assombraria com o prodígio do *puer senex* Pedro, eleito dileto de Cronos.

O tempo de Nava é o tempo de Drummond, tempo que não passa, tempo que fica daquele que passou. O tempo é a matéria de Drummond, ele o disse, expressamente, e esta se manifesta na solidez da pedra jamais fora do alcance de suas retinas. O tempo presente, desafiado pela pedra no meio do caminho. O passado, pela pedra rolada que, Sísifo renascido, o poeta vai buscar no fundo da memória. *Itabira* em tupi significa "pedra levantada ou empinada", e o pico do Cauê, desaparecido, ressurge por inteiro no verso do itabirano. Salvador Pires Pontes esclarece que *cauê* é palavra africana, da língua haúça, e significa "irmão". Foi o nome dado ao pico de Itabira pelos africanos que trabalhavam nas minas de ouro, por relacioná-lo ao pico da Conceição, situado no mesmo maciço. Eliminado da paisagem itabirana, o Cauê sobrevive no verso da memória.[6]

Daí que Carlos Drummond de Andrade é mineiro e universal, ocupando no campo da língua portuguesa um ponto tão elevado quanto os cumes de sua "patriazinha", como Guimarães Rosa chamou Minas. O canto mineral emociona o leitor de qualquer parte do planeta, porque nele o "sentimento do mundo" reverbera como a "pedra brilhante grande" admirada pelos povos antigos do Caeté e tomada como guia pelos pioneiros bandeirantes. Não se trata de um cantor a mais da "formosa província" – assim denominada pelo fluminense

[2] Afonso Arinos de Melo Franco, *Rosa de ouro*, Belo Horizonte: Editora da UFMG, 2007.

[3] João Camilo de Oliveira Torres, *O homem e a montanha: introdução ao estudo das influências da situação geográfica para a formação do espírito mineiro* [1944]. Rio de Janeiro: Autêntica, 2011.

[4] Sylvio de Vasconcellos, *Vila Rica: formação e desenvolvimento, residências* [1956]. Rio de Janeiro: Perspectiva, 1977.

[5] Francisco José de Oliveira Vianna, "Minas do lume e do pão", in *Pequenos estudos de psicologia social*. Rio de Janeiro: Companhia Editora Nacional, 1942. E Nelson Coelho de Sena, "O desenvolvimento de Minas Gerais e sua riqueza literária", in *Memória política de Minas Gerais: Nelson Coelho de Sena*. Belo Horizonte: Fundação João Pinheiro, 2006.

[6] Salvador Pires Pontes, *Nomes indígenas na geografia de Minas Gerais*. Belo Horizonte: Imprensa Oficial, 1970.

Francisco Otaviano –, mas do autor da grande poesia arrebatada desse chão rumo às alturas. Como a bela Provença foi cantada pelos franceses Henri Bosco ou Alphonse Daudet, todas as províncias têm o seu intérprete. Na Provença, Francis Ponge operou a restituição da palavra ao mundo mudo; em Minas, Drummond retira das coisas a dimensão do mundo, o "duro mundo" inscrito no seu próprio nome, como observou José Miguel Wisnik, impressionado com a recorrência da palavra "mundo" na poesia drummondiana.[7]

Minas parece ser especial no Brasil. Há admiráveis poetas que retrataram ou se debruçaram sobre o fabulário de sua gente e de suas regiões. Alphonsus de Guimaraens, ao som dos lúgubres responsos dos sinos de Mariana, elevou em seus versos o êxtase da religiosidade das Minas. Numerosos autores miraram a província, para além de vínculos ou vícios provincianos, instaurada sua obra no processo da transcendente sintonia com o que é universal. Godofredo Rangel narrou a vida ociosa do interior, dura, crispada e tensa, "vida besta". Cornélio Pena surpreendeu-lhe as facetas trágicas. Helena Morley perenizou a infância da menina de Diamantina e Maria Helena Cardoso recompôs as curvas curvelanas do caminho por onde andou seu coração. Otto Lara Resende, Lúcio Cardoso e Autran Dourado destilaram Minas em cada sentença. João Guimarães Rosa conferiu ao sertão dos Gerais a grandeza estupenda de um universo mítico e mágico.

Drummond toma a temática de Minas de modo singular. É ele o poeta do vasto mundo, o perquiridor da *waste land*, o desafiador do tempo, aquele que contesta e enfrenta o claro enigma da condição humana para recolher do solo em que pisa os sinais da sina de todos os seres em trânsito pela Terra. O pernambucano João Cabral é enxuto e exato como a seca; Drummond, tenso e sereno como a montanha.

Carlos Drummond de Andrade nasceu em Itabira, a antiga Itabira do Mato Dentro, em 31 de outubro de 1902. O século mal começara, e Minas já tinha uma capital pronta para os tempos modernos. "O ouro fulvo do ocaso" (Bilac) cobriu as velhas casas de Ouro Preto, enquanto "milhares de brilhos vidrilhos" (Mário de Andrade) cintilaram em Belo Horizonte. Carlos deixou os longes do Mato Dentro itabirano (o Caeté da mais interiorizada Mata Atlântica) para estudar na jovem capital de largas e longas avenidas. Na rua da Bahia, entre a Livraria Francisco Alves e o Café Estrela, o Bar do Ponto e o Grande Hotel, uma geração se articulou à volta do poeta para inventar o modernismo mineiro.

7. José Miguel Wisnik, "Drummond e o mundo" in Adauto Novaes (org.), *Poetas que pensaram o mundo*, São Paulo: Companhia das Letras, 2005.

Pedro Nava, Emílio Moura, Abgar Renault, Martins de Almeida, João Alphonsus, Milton Campos, Gustavo Capanema: verso livre, tom coloquial, rebeldia. Dos chopes no Estrela aos caixotes de novidades na Alves, eles viveram a poesia nossa de cada dia. Em abril de 1924, no saguão do Grande Hotel, Carlos conheceu Mário de Andrade, Oswald de Andrade, Tarsila do Amaral e o suíço-francês Blaise Cendrars. Adiante, trabalhou com Gustavo Capanema, e com ele desceu para o Rio, em 1934, quando o ex-secretário de Estado da pasta do Interior tornou-se ministro da Educação e Saúde de Getúlio Vargas e o nomeou seu chefe de gabinete.

"Duas mãos e o sentimento do mundo". E a alma de Minas aninhada no alforje, tal como as prendas diversas trazidas de Itabira. "Sou do ouro, sou do mundo, sou Minas Gerais", canta o poeta Fernando Brant, na voz de Milton Nascimento, pensando nos Beatles mas traduzindo a saga de Drummond, ouro em barra a rebrilhar mundo afora.

Basílio da Gama, Tomás Antônio Gonzaga, Alvarenga Peixoto e Cláudio Manuel da Costa imprimiram em poesia suas visões de Minas. Cantando o "pátrio rio" e o Itamonte, Cláudio Manuel foi particularmente o poeta da terra pedregosa na qual Drummond abriria o seu caminho infinito. Murilo Mendes confessou em "Ritorno", pequeno poema escrito em italiano, que haveria de voltar, um dia, *per salutare il regno minerale/ dove il disordine* è *minimo*". Drummond desde sempre saudou essa ordem imperturbável do mundo pétreo. Dela procede "o claro raio ordenador" irradiado pelo "espírito de Minas". E nela encontra bálsamo o desconsolado coração do poeta, "a menor partícula" do reino mineral, a *anima animula* da Minas que se foi. "Eu não contei o meu passado, eu procurei vivê-lo aqui e agora", disse em entrevista de 1981 ao escritor português Arnaldo Saraiva.[8]

Vem outro Carlos ser mineiro na vida, a garimpar pigmentos na terra minerada, entre montanhas abruptas e cortes violentos na pele verde da serra. É Carlos Bracher, recolhendo no sudário da tela a sa(n)grada face do tempo. Certa vez, Carlos Drummond de Andrade escreveu: "Encontrei-me com Minas Gerais através da pintura de Carlos Bracher. É o maior elogio que, de coração, lhe posso fazer." Este livro refaz o encontro trinitário. Verso de Drummond, imagem de Bracher, som e cor no tempo sobre tempo em miríade de Minas. O "boitempo" do poeta atravessa o campo de luz e sombra do pintor. E o canto mineral alcança o encantamento do ícone, verbo e visualidade extraindo a pura poesia de Minas.

Carlos Bracher nasceu em 19 de dezembro de 1940, em Juiz de Fora, chão natal de Pedro Nava e de Murilo Mendes. Da mãe

8· Arnaldo Saraiva, *Conversa com escritores brasileiros*, Goiânia: Editora da Universidade Federal de Goiás, 2017.

diamantinense, herdou a alegria de ser mineiro; do pai, de origem suíço-germânica, o prazer da arte. Em Ouro Preto, na ladeira que escorrega do alto do Carmo até ao fundo do Pilar, Carlos Bracher recolhe imagens de Minas pintadas com a forte emoção que impulsiona seu gesto sobre a tela. Morros, fendas, barrancos, gargantas abissais, torres, telhados. Paisagens de Bracher atravessadas pela poesia de Drummond na contemplação das velhas cidades do ouro. Vocabulário de signos soletrando o verso. Bracher acompanha Drummond no contraponto iconográfico desse roteiro de Minas. Palavra e imagem seguem pelo "caminho dangeroso", subindo para o céu como quer a montanha, *sic itur ad astra*, por entre soledade, pirambeira e corisco.

O primeiro movimento do pintor Bracher aciona o bastão de carvão. Ele alisa a tela, fricciona a sua superfície, esquenta as mãos para o gesto criador. Logo toma o carvão e desenha, lançando as linhas essenciais da imagem a ser pintada com as tintas que passam a jorrar das bisnagas para serem conduzidas pelo pincel do artista, uma batuta à frente da polifonia da cor.

Para acompanhar Drummond, Bracher deixou os pincéis para ficar com o carvão, mas o desenho flui como se nascesse de pinceladas. O artista elabora um tecido denso, em claro-escuro, tirando partido da dramaticidade do carvão em ilação com o drama enredado na palavra poética. Íntimo da Minas drummondiana, Bracher cria signos que retira do olho do poeta. Ambos têm a magia que pressupõe o domínio de sua linguagem. A poesia e o desenho se completam no desejo de transcendência. Bracher oferece um testemunho visual ao poema. Seu desenho é *chargé de vue*, como diria Murilo Mendes, pensando em Mallarmé, pela sintonia entre a vista e a poesia.

Carlos Drummond de Andrade morreu no Rio de Janeiro em 17 de agosto de 1987, aniversário do amigo Rodrigo Melo Franco de Andrade (1898-1969) e, por isso, Dia do Patrimônio Cultural do Brasil. Mas, na "estrada de Minas, pedregosa", segue ele, "vagaroso, de mãos pensas". Sua obra é monumento mundial da poesia, como Ouro Preto, Congonhas, Diamantina e Pampulha, síntese da amada Minas incrustada no patrimônio da humanidade.

Angelo Oswaldo de Araújo Santos *é escritor, jornalista, curador de arte, advogado e gestor público. É membro da Academia Mineira de Letras e sócio dos Institutos Histórico e Geográfico do Brasil e de Minas Gerais.*

Referências bibliográficas dos poemas

Alguma poesia [1930],
SÃO PAULO: COMPANHIA DAS LETRAS, 2013.
"Cidadezinha qualquer", "Infância", "Jardim da Praça da Liberdade", "Lanterna mágica" e "Romaria".

Brejo das almas [1934],
SÃO PAULO: COMPANHIA DAS LETRAS, 2013.
"As namoradas mineiras" e "O voo sobre as igrejas".

Sentimento do mundo [1940],
SÃO PAULO: COMPANHIA DAS LETRAS, 2012.
"Canção da moça-fantasma de Belo Horizonte" e "Confidência do itabirano".

José [1942],
SÃO PAULO: COMPANHIA DAS LETRAS, 2012.
"Viagem na família"

A rosa do povo [1945],
SÃO PAULO: COMPANHIA DAS LETRAS, 2012.
"América"

Claro enigma [1951],
SÃO PAULO: COMPANHIA DAS LETRAS, 2012.
"A máquina do mundo", "Estampas de Vila Rica", "Morte das casas de Ouro Preto" e "Relógio do Rosário".

Poesia completa (Viola de bolso) [1952],
RIO DE JANEIRO: NOVA AGUILAR, 2002.
"Noturno mineiro".

Poesia completa (Viola de bolso III) [1952],
RIO DE JANEIRO: NOVA AGUILAR, 2002.
"O maior trem do mundo".

Passeios na ilha [1952],
SÃO PAULO: COSAC NAIFY, 2011.
"Colóquio das estátuas".

A vida passada a limpo [1959],
SÃO PAULO: COMPANHIA DAS LETRAS, 2013.
"Prece de mineiro no Rio"

Lição de coisas [1962],
SÃO PAULO: COMPANHIA DAS LETRAS, 2012.
"Ataíde"

Versiprosa [1967],
SÃO PAULO: COMPANHIA DAS LETRAS, 2017.
"O Pico de Itabirito"

Boitempo: menino antigo [1968; 1973],
SÃO PAULO: COMPANHIA DAS LETRAS, 2017.
"Ausência", "Biblioteca verde", "Boitempo", "Casa", "O eco" e "O francês".

As impurezas do branco [1973],
SÃO PAULO: COMPANHIA DAS LETRAS, 2012.
"A palavra Minas", "Canto mineral" e "Tiradentes".

Discurso de primavera [1977],
SÃO PAULO: COMPANHIA DAS LETRAS, 2014.
"A casa de Helena", "Fala de Chico-Rei" e "Triste Horizonte".

Boitempo: esquecer para lembrar [1979],
SÃO PAULO: COMPANHIA DAS LETRAS, 2017.
"A casa sem raiz", "A consciência suja", "Adeus ao colégio", "A montanha pulverizada", "Carnaval e moças", "Doidinhos", "Dois fantasmas", "Dormir na Floresta", "Fim da casa paterna", "Hino ao bonde", "Jornal falado no salão Vivacqua", "O fim das coisas", "Paredão", "Pedra natal", "Procissão do encontro", "Ruas", "Sino" e "Vigília".

A paixão medida [1980],
SÃO PAULO: COMPANHIA DAS LETRAS, 2014.
"Patrimônio".

Corpo [1984],
SÃO PAULO: COMPANHIA DAS LETRAS, 2015.
"Canção de Itabira" e "Ouro Preto, livre do tempo".

Sobre os autores

Carlos Drummond de Andrade, poeta e prosador, nascido em 31 de outubro de 1902, em Itabira, Minas Gerais, é considerado um dos mais importantes escritores da língua portuguesa. Destacou-se no segundo período do Modernismo brasileiro, com seu livro de estreia, *Alguma poesia*, de 1930. Atravessou o século XX publicando mais de cinquenta livros, sendo três deles – *Boitempo*, *Menino antigo* e *Esquecer para lembrar* – suas memórias poéticas de Minas Gerais. Obras emblemáticas como *Sentimento do mundo* (1940), *A rosa do povo* (1945) e *Claro enigma* (1951) marcaram a produção poética brasileira.

Foi cronista no *Correio da Manhã* e no *Jornal do Brasil*. Também publicou contos, ensaios, memórias e um livro infantil, *História de dois amores*. Sua obra foi traduzida em diversos idiomas. Morreu no Rio de Janeiro em 1987, aos 84 anos.

Carlos Bracher é mineiro de Juiz de Fora, nascido em 1940. Membro da Academia Mineira de Letras, Doutor *Honoris Causa* pela Universidade Federal de Ouro Preto (UFOP), realizou exposições individuais no Brasil e no exterior, em museus e galerias da Europa, Ásia e Américas. Entre 2014 e 2015, percorreu o Brasil com a mostra "Bracher: pintura & permanência", sob a curadoria de Olívio Tavares de Araújo, no Centro Cultural Banco do Brasil, com a qual venceu o prêmio Destaque Especial de melhor mostra do ano, concecido pela Associação Brasileira de Críticos de Arte (ABCA).

Entre seus trabalhos mais emblemáticos estão as séries "Homenagem a Van Gogh" (1990), "Do ouro ao aço" (1992), "Brasília" (2007), "Petrobras" (2012) e "Bracher: tributo a Aleijadinho" (2014), que faz uma releitura contemporânea sobre a obra do grande mestre do barroco mineiro. Uma retrospectiva com cinquenta quadros de sua autoria, produzidos entre 1961 e 2006, percorreu diversas cidades europeias (Moscou, Frankfurt, Praga, Estocolmo, Bruxelas, Bruges, Basileia, Dusseldorf, Luxemburgo e Gotemburgo). Tem sete livros publicados, além de diversos filmes produzidos sobre sua obra.

Sobre os organizadores

Joziane Perdigão Vieira é itabirana como o Drummond, formada em jornalismo pela Universidade Federal de Minas Gerais (UFMG) e estudiosa da obra de Carlos Drummond de Andrade. Atua há mais de quinze anos na área de comunicação social e gestão cultural.

Pedro Augusto Graña Drummond é curador da obra de Carlos Drummond de Andrade há mais de trinta anos, artista plástico, desenhista gráfico, cenógrafo e produtor cultural. Organizou diversas antologias do autor, sendo a mais recente *Uma forma de saudade*: *páginas de diário* (2017). Colaborou em obras derivadas para cinema, dança e áudio-livros, e roteirizou e adaptou textos do poeta para teatro: "Crônica viva" (1990), "O gerente" (1991) e "Caminhos de João Brandão" (1994). Foi consultor do evento "Drummond: alguma poesia no CCBB" (1990) e organizador do fórum "Itabira: centenário Drummond" (Itabira, 1999 e 2000).

Este livro foi editado pela Bazar do
Tempo, na cidade de São Sebastião do
Rio de Janeiro, no outono de 2018.
Foi composto com a fonte Sabon
e impresso em papel Offset 120 g/m²,
na gráfica Stamppa.